누구나 궁금한 질문, 아무도 안 해준 대답

신앙QR코드
(Question-Response)

정찬도 지음

목차

하나님 사랑 ─────────────────

이웃 사랑

김하연 목사
(대구삼승교회, Ph.D., 고신언론사 주필, 고신총회성경연구소장)

그리스도인이 성경적 사고방식에 지배받지 않고 제 마음대로 성경과 신앙 선조들의 가르침을 오해하면 진리에서 떠나고 위험하기까지 합니다. 중세 시대 교황이 세운 종교재판관들은 하나님의 이름으로 사람을 태워죽이고, 감언, 협박, 독방 감금, 고문, 지하 감옥에서의 종신형 또는 화형 대신 자비를 베풀어서 교수형 등을 번갈아 가면서 사용했습니다. 그들은 어거스틴의 이론, 즉 '이단들에 대해서는 그들의 영혼을 사랑하는 심정에서 그들의 구원을 위해 강제력을 행사할 수 있다'라는 것에 정당성을 찾으려 했습니다. 그러나 어거스틴이 주장한 것은 그런 잔인한 종교재판을 말한 것이 아니었습니다. 그는 이단에 빠진 사람들을 구원하기 위해서

'벌금과 구금 정도라도 해야 된다'라는 생각이었습니다. 종교 재판관들은 어거스틴의 취지를 확대 과장해서 결국 자신들의 잔인성을 마음대로 드러낸 것입니다. 성경을 바로 이해하지 않으면 자칫 이 세상의 군주들보다 훨씬 더 악한 일들이 그리스도의 이름으로 자행될 수 있음을 보여준 예입니다.

금세기에 들어와서는 오히려 반대적인 현상들도 보편화 되어있습니다. 데카르트가 '나는 생각한다, 고로 나는 존재한다'(Cogito, ergo sum)를 외친 후 합리주의 시대를 지나서 이제 바야흐로 포스트모더니즘의 시대에 들어섰습니다. 조금씩 모양은 달라도 이러한 사상들의 중심은 인간의 이성이 모든 것의 기준이 되고 이제 '절대 원칙', '정의' 혹은 '거대 담론'보다는 소위 '의식적 상대주의'에 빠져있습니다. 결국 이 시대의 사람들은 기준 없는 시대에 살고 있습니다. 기독교마저 이에 영향을 받아나가게 되니 신앙생활의 표준 (standard)이 없어지고 각기 주변에서 영향이나 자기 소견대로 생각하며 살아가기가 너무나 쉽습니다. 이러한 현상은 과도한 종교재판 시대보다 오히려 더 위험하기까지 합니다.

이러한 때에 정찬도 목사께서 귀한 책을 내게 되어서 참 기쁩니다. 그가 '월간고신 생명나무'를 통해서 수년간 매월 고민하는 가운데 묻고 대답해 오던 '목사님, 대답해 주세요'

를 단행본으로 묶어서 '신앙 QR 코드'(부제 : 누구나 궁금한 질문, 아무도 안 해준 대답)을 내게 되니 정말 시원합니다. 이제는 매월 다음 궁금증과 대답을 더 이상 기다리지 않고 한꺼번에 읽을 수 있게 된 것입니다. 정찬도 목사는 개혁교회에 비전을 가지고 화란에서 개혁교회를 공부하고 온 개혁신학으로 무장된 종입니다.

그는 이 책을 통해서 그리스도인의 분명한 삶의 분명한 성경적 원칙을 보여줍니다. 비록 얇은 책이지만 그 안에 다루는 내용은 의외로 폭이 넓습니다. 그 내용은 기복신앙, 자살, 동성애, 주일성수, 십일조, 혼전임신, 온라인 예배와 성찬, 구원의 확신, 반려견 세례 그리고 그리스도인의 장례식 문화 등 다양한 주제를 포함합니다. 이 모든 주제는 오늘을 사는 그리스도인들에게 얼마나 필수적이고 현실적인 문제들입니까?

그의 답변이 얼마나 실제적으로 와 닿고 명쾌하던지 책을 잡고 다 읽기까지 내려놓을 수 없었습니다. 한마디로 쫄깃쫄깃합니다. 간결한 문체와 재미있는 실례들은 독자들로 하여금 금방 몰입하게 만듭니다. 이 책이 하나님을 사랑하는 그리스도인의 삶의 기초를 든든히 세워주게 될 것임을 믿어 의심치 않습니다.

신원하 교수
(고려신학대학원)

이 책은 교회에 출석한 지 얼마 되지 아니한 새 신자만이 아니라 교회 생활을 오래 한 신자들도 평소 궁금해하는 주제에 대해 성경의 가르침을 잘 정리하여 제공해 주는 책입니다. 성도들이 교회 안팎에서 종종 듣고 보고 또 행해 오고 있지만 제대로 알지 못한 채 그냥 넘어가는 주제들에 대해 마치 가려운 데를 긁어주듯이 시원하게 설명해 줍니다. 그러나 그 대답은 가볍지 않습니다. 성경적 가르침과 원리에 기반한 설명은 알차고 무게가 있습니다.

이 책은 실제로 교회를 개척하고 건강하고 행복한 주님의 몸 된 공동체로 교회를 세워가려고 애쓰는 한 젊은 담임 목회자가 성도들의 신앙생활을 돕고자 하는 목회적 마음으로 집필한 일종의 신앙생활 교육서이자 안내서입니다. 신앙 연륜이 짧던 길던 신자들이 교회 생활에서 자주 듣고 보며 또 행하고 있지만 정확히 알지 못하고 있는 것에 대해 담임목사가 신자의 자리로 내려가서 평신도의 입장이 되어 질문하고 또 평신도의 눈높이에 맞추어 대답을 해줍니다. 읽고 나면 어두움에 한 줄기 빛이 비치듯이 명확해지는 느낌이 들

9

게 합니다. 이렇게 질문 하고 대답하는 방식은 개신교회가 500년 이상 동안 신자들의 신앙교육을 위해 채택하고 시행해 온 오래된 친근한 방식이기도 합니다.

이 책은 무엇보다 하나님의 말씀이 신자의 삶을 안내하는 등이요 빛으로 고백하는 저자의 확고한 개혁주의 신학에 기초해 있어 어떤 교파의 성도들에게도 유익을 줍니다. 그리고 그 대답은 어떤 성도들이 읽어도 쉽게 이해할 수 있도록 간결하고 명확합니다. 성경적 가르침과 실제적 지침이 매우 균형 잡혀 있습니다. 평소 신앙과 생활에 있어서 궁금하지만 그냥 지나치는 여러 주제에 관해 이 책은 그 궁금증을 해소해 주는 한 줄기 빛과 같은 책이 될 것으로 생각합니다. 이 책을 흔쾌히 추천하여 일독을 권합니다.

송영목 교수
(고신대학교 신학과)

정찬도 목사는 복음과 교리에 능하며 설교 전달에 탁월한 사역자입니다. 그런 탁월함이 활자화된 본서는 매우 실천적이면서도 개혁주의 신학과 신앙에 입각해 있습니다. 저자는 성도가 궁금해하는 주제들을 성도의 실제 생활에서 예를 찾아, 성경적이고 개혁신학에 입각하여, 이론과 실천의 균형을 추구하면서 설명합니다.

또한 저자는 해외 개혁신학과 개혁교회를 경험한 바를 필요적절하게 이 책에 녹여 넣습니다. 그리고 각 주제를 복습하도록 질문을 제시하기에 소그룹 토론을 위해 본서가 잘 활용될 것입니다. 잘 알고 있다고 생각하는 주제임에도 불구하고 쉽게 답하기 부담스러운 많은 주제를 간명하게 풀이해 둔 이 책을 통해 독자들이 유익을 얻을 것이라 여겨, 기쁜 마음으로 일독을 추천합니다.

저자 서문

필자는 2020년부터 '월간고신 생명나무'에 "목사님, 대답해 주세요"라는 꼭지를 맡아 지금까지 연재하고 있습니다. 이 책은 성도들이 묻고 싶지만 묻지 못하는 질문들, 자신만 모르는 건 아닌지 하는 생각에 마음에 담아뒀던 질문들, 파편적인 정보는 얻을 수 있는데 흡족한 답을 얻지 못했던 질문들, 그리고 더욱 나은 성도가 되기 위해서 반드시 알아야 하는 내용들을 다루었습니다.

필자는 매월 "목사님, 대답해 주세요"를 연재하면서 늘 긴장 상태였습니다. 이번에는 어떤 주제를 다뤄야 할까 하는 고민 때문입니다. 누구나 할 수 있는 뻔한 이야기나 하나마나 한 주제는 피하고 싶었고, 성도들의 가려운 부분을 시원하게 긁어주면서도 성경적이고 개혁신학적인 입장을 전하고자 했습니다. 필자는 목사의 관점에서 성도가 알아야 할 내용 혹은 알면 좋을 것 같은 내용도 피하고자 하였습니다.

오히려 성도의 관점에서 '왜 그러한지' 혹은 '이런 문제는 어떻게 이해해야 하는지'의 내용에 집중하고자 했습니다.

글을 연재하는 동안 주변의 많은 분의 격려와 응원이 큰 힘이 되었습니다. 그리고 교회의 직분자 교육이나 청년부 교육을 위해 필요한 내용이니 책으로 출간해 달라는 여러 목회자의 응원에 힘입어 책으로 출간하게 되었습니다.

시편 기자는 힘겨운 삶의 연속 가운데서 "주의 말씀은 내 발에 등이요 내 길에 빛이니이다"(시 119:105)라고 고백했습니다. 하나님의 말씀과 지혜 그리고 거기서 나오는 원리가 우리가 진정 걸어가야 하는 우리의 길을 밝히 비춰주길 소망합니다. 마음속 궁금증을 조금씩 털어버려서 보다 가벼운 마음으로 하나님의 목적을 향해 한 걸음씩 함께 내딛길 기도합니다.

부족한 종에게 이 글을 쓸 수 있도록 기회를 주시고 책으로까지 출간해 주신 고신언론사에게 진심으로 감사의 마음을 전합니다. 이 책을 통해 조금이나마 한국교회와 성도들에게 도움이 되길 소망합니다.

2023년 6월 20일
정찬도 목사 주나움교회

1부

하나님 사랑

(LOVE YOUR GOD)

하나님이 없습니까?

하나님은 계십니다. 그는 자신의 존재를 '성경'과 '자연'을 통해 알리셨습니다. 다만 유한한 인간인 우리가 무한한 하나님을 다 품을 수도 없고 다 알 수도 없을 뿐입니다. 그럼에도 불구하고 부분적으로 흐릿하게 알게 되는 그 지식은 분명하고 확실한 지식입니다. 신앙과 생활의 최종적 권위는 우리의 생각이 아니라 하나님의 말씀인 성경임을 인정할 때, 우리는 하나님의 살아계심을 고백할 수 있습니다.

어리석은 자는 그의 마음에 이르기를
하나님이 없다 하는도다 그들은 부패하고
그 행실이 가증하니 선을 행하는 자가 없도다
_ 시편 14:1

"목사님! 제 아들은 자기 아버지를 전도할 정도로 어렸을 때부터 정말로 열심히 신앙생활 했는데, 무슨 이유인지 대학에 가면서 교회와 점점 멀어지더니, 얼마 전에는 "하나님이 어디 있어?"라고 따지며 교회를 안 가겠다 합니다. 자기 선택이니 존중해 달라고, 내버려 두라고 하는데, 왜 제 아들에게 이런 일이 일어났을까요?"

우리는 교회를 떠나고 신앙을 저버리는 가족이나 친구를 계속해서 보게 됩니다. 그들은 하나님이 없다, 하나님을 모르겠다, 하나님이 계시는지 느끼지 못한다는 말로 신앙에 마침표를 찍고자 합니다. 우리는 하나님을 어떻게 알 수 있을까요? 하나님께서는 우리가 하나님을 알 수 있는 두 가지 방법을 주셨습니다. '계시'의 방법으로 '자연'과 '성경'입니다. 우리는 이 두 가지를 통해 하나님을 알 수 있습니다.

성경은 '하나님이 없다' 하는 자들을 뭐라고 하는지 아십니까? '어리석은 자'(시 14:1)라고 합니다. 오히려 하나님은 살아계시다, 오직 한 분이시다, 귀신들도 하나님이 한 분이신 줄을 믿는다(약 2:19)고 말하고 있습니다.

수년간 신앙생활을 해온 상황이라면, 막상 자신의 믿음을 포기하는 것이 쉽지만은 않습니다. 그러는 가운데 하나님이 있는지 지금으로선 도저히 알 수 없는 상태에 이르기도

합니다. 하지만 우리가 아무리 부인해도 하나님을 알 만한 것이 우리 속에 있습니다. 수많은 과학자가 종교를 부인하지 않는 이유처럼 성경은 그 누구라도 어떠한 핑계도 댈 수 없음을 분명히 말하고 있습니다(롬 1:19).

다시 말하지만, 하나님께서는 성경과 자연에 나타난 증거를 통해 하나님의 실존, 창조주 되신 하나님, 그의 존재하심을 분명하게 증거하고 계시기 때문입니다. 문제는 인간에게 하나님에 대한 감각이 있고, '누가 이 세상을 만들었을까? 누가 이 모든 것을 보존하고 보호하고 계실까?'라고 대답할 수 없는 의문, 핑계 댈 수 없는 의문을 가지면서도, 다른 한편으로는 '하나님은 없어'라고 생각하는 것입니다. 왜 그럴까요? 죄인이라 그렇습니다.

처음에는 막무가내로 '하나님이 어딨어? 내 생각에 없는 것 같아!'라고 하다가 후에는 하나님은 교회 사람들이 만들어 낸 것이고, 성경책도 유대인들이 만들어 낸 책 아니냐고 소리치는 경우도 있습니다. 심하게는 '그럴 바에 차라리 단군을 믿으라'고 말하는 사람도 있습니다. 때로는 하나님을 믿는 우리를 향해 매우 공격적인 말들을 내뱉는 사람들도 만납니다. 이는 아마도 무신론 열풍의 영향으로 볼 수 있습니다. 최근에 젊은 층에 불고 있는 아주 거센 사상입니다.

그들은 하나님은 존재하지 않는다, 설사 하나님이 존재한다 해도 아무것도 알 수 없다, 특별히 기독교가 믿는 하나님은 교회가 만들어 낸 신이라고 비판합니다. 예를 들면, 현대 무신론의 나팔수였던 리처드 도킨스(Richard Dawkins, 1941~)는 『만들어진 신』에서 '종교는 악'이라 합니다. 크리스토퍼 히친스(Christopher Hitchens, 1949~2011)는 『신은 위대하지 않다』에서 '종교는 모든 것을 타락시켰다'라고까지 주장합니다. 그래서 젊은 청년들 가운데 무신론을 주장하면서, 종교는 악하고 구시대적이고 오히려 부패와 타락의 온상이라고까지 말을 하는 것입니다.

그렇다면 수년간 교회를 다닌 청년들이 이와 같은 주장에 동조하는 이유는 무엇일까요? 이들이 진화론적 사상에 근거해서 자신들의 '무신론' 주장을 펼치는데, 우리가 생각하는 것 이상으로 우리 청년들이 어렸을 때부터 학교 수업이나 문화를 통해 이 진화론이 마치 사실인 양 배워왔기 때문입니다. 실제 과학적 주장은 그들이 일방적인 주장과 비판만 내놓을 뿐이라도, 그러한 영향들이 청년들에게 자극적이고 합리적으로 다가오기 때문에 '하나님이 없다'고 생각하는 것입니다. 아니 '하나님이 없다'고 믿는 것입니다. 사실 무신론은 하나님이 없다는 것을 증명하기보다는 믿음으로 주장하는 것입니다. 분명한 것은 하나님이 있냐 없냐는 우리의 이성으로 증명해 낼 수 있는 부분이 아닙니다. 유한한 인간은 무한한 하나님을 다 품을 수도, 다 이해할 수도, 다 알 수도 없습니다. 우리는 그 한계를 깨닫도록 해줘야 합니다.

여기서 궁금증이 있습니다. 만약 교회가 썩었다고 하면서 하나님이 있으면 증명해 보라고 짜증내는 사람들은 구원받을까요? 예전에는 정말 신실하게 신앙생활 잘했는데, 지금은 아니라면 그 믿음은 가짜일까요? 구원은 하나님께 달린 일이기에 섣불리 말할 수 없는 부분입니다. 하지만 분명히 말씀드릴 수 있는 것은 '과거'가 어떠했는지가 중요한 것이 아니라, '현재'가 중요하다는 사실입니다. 지금 믿음이 있느냐 지금 하나님께 돌아왔느냐 지금 예배 생활하느냐가 중요합니다. 죄송하지만 참된 회심이 없다면 참된 믿음으로 하나님께 돌아가고자 하는 굳은 마음과 행위가 없다면 그러한 삶의 모습이 오래도록 나타나지 않았다면 구원받지 못하는 건 당연할 것입니다.

그렇기 때문에 우리에게 주어진 과제는 무엇일까요? 복음을 다시 전하는 것입니다. 혼내거나 다그치거나 강압적인 자세로 절대 순종을 요구하는 말투로 하시면 안 됩니다. 진심 어린 말로 본인의 신앙을 고백하고 본인의 마음을 알도록 노력해야 합니다. 그것이 정말로 중요합니다.

"나는 하나님이 살아 계시다고 믿는다. 나는 지금도 하나님의 은혜와 복을 받고 살고 있고 죽어서도 그 복을 누리며 천국 갈 텐데 내가 사랑하는 그대가 나와 다른 삶을 산다는 것 나와 다른 곳을 갈 수도 있다는 것이 너무 마음이 아프다. 정말 상상하기도 싫다."

우리는 진솔하게 마음을 전해야 합니다. 그리고 그 뒷일은 하나님께 맡겨야 합니다. 하나님께서 마음 문을 열어 다시 신앙을 회복할 수 있기를 소망합니다. 샬롬!

나눔을 위한 질문

당신은 하나님이 없다고 생각한 적 있으십니까?
당신은 하나님이 없다고 말하는 사람을 어떻게 설득했습니까?

가계에 흐르는 저주를
끊어야 합니까?

'가계저주론'은 비성경적인 가르침입니다. 대부분의 교단들이 불건전한 가르침으로 경계나 주의를 요하고 있습니다. 이 사상을 처음 한국에 전파했다고 볼 수 있는 이윤호 목사 역시도 이 가르침이 잘못되었음을 인정하였습니다. 우리는 더 이상 이 가르침에 얽매일 필요가 없습니다. 가계에 흐르는 저주는 없습니다.

신 포도를 먹는 자마다 그의 이가 신 것 같이
누구나 자기의 죄악으로 말미암아 죽으리라
_ 예레미야 31:30

"가계에 흐르고 있는 저주를 끊어야 합니다. 그래야만 지금까지 안 풀리던 문제들이 해결되고 넘치는 복을 받게 될 것입니다."

교회 안에서 누군가에게 이와 같은 말을 듣는다면 어떻게 반응해야 할까요? 집안에 흐르고 있는 저주를 끊어 신앙도 회복하고 복 받기 위해서 기도를 받으러 가야 하는 것일까요? 그렇지 않습니다.

여전히 교회 안에 '가계저주론'을 말하는 분들이 있습니다. '가계저주론'은 비성경적인 가르침입니다. 대부분의 교단들이 불건전한 가르침으로 경계나 주의를 요하고 있습니다. 그렇기 때문에 그것을 말한 분이 누구이든지 간에 우리는 그와 같은 목적으로 기도한다거나 기도 받기 위해서 갈 필요가 없습니다.

먼저 '가계저주론'에 대해 간략히 설명해 드리겠습니다. 가계저주론은 우리 조상이 범한 죄가 있는데 그 죄의 저주가 가계를 타고 흐르고 있고 그 저주는 질병, 가난, 사고 등을 포함한다는 것입니다. 그런데 핵심이 뭐냐면 이와 같은 저주들이 예수님을 믿는다 해도 끊어지지 않는다는 것입니다. 알코올 중독, 도박, 이혼, 성인병, 자녀 문제 그리고 가정 문제 등은 조상의 죄로 인한 저주들이고 중생한 그리스도인이 그것에서 벗어나기 위해서는 그 저주를 끊어야 한다는 것입니다.

생각보다 많은 사람이 죄로 인해 자식들에게 가난이 대물림되고 질병이 대물림 된다 생각합니다. 부모 세대들은 자신이 겪은 지독한 가난이 자기 세대에서 끝나고 자녀 세대만은 하나님께 복 받으며 살기 바라며 기도합니다. 때로는 위에서 언급된 부모에게 나타났던 문제나 연약한 부분들이 자녀에게 고스란히 드러날 때 자녀는 그것을 극복하길 소망합니다. 그것이 잘못은 아닙니다.

그런데 중요한 것은 듣기에 그 말이 그럴싸해 보여도 성경이 그렇게 말하고 있지 않다는 것입니다. 모든 것의 판단 기준은 성경이어야 하는데 가계저주론은 잘못된 성경 해석에 따른 잘못된 가르침입니다. "아버지가 신 포도를 먹었으므로 그의 아들의 이가 시다"(겔 18:2)라는 말을 들어보셨습니까? 아주 유명한 구약 시대의 속담인데 가계저주론을 주장하는 사람들은 이 본문을 들면서 아버지의 죄로 인한 저주가 그 자녀에게 임한다는 것입니다. 아버지가 신포도주를 먹지 않았으면 아들은 이가 시리지 않을 것이다는 논리입니다.

이 말은 틀린 말입니다. 에스겔 18장을 전체가 아닌 부분적으로 인용하여 잘못된 결론에 이른 것입니다. "아버지가

신 포도를 먹었으므로 그의 아들의 이가 시다"라는 구절은 성경 전체에서 예레미야와 에스겔에 두 번 등장합니다. 하지만 예레미야 31장 29절에는 이 구절 바로 뒤에 "하지 아니하겠고"가 에스겔 18장 2절에는 "함은 어찌 됨이냐"가 덧붙여져 있습니다. 오히려 에스겔 선지자는 아버지의 죄가 아니라 범죄 하는 그 영혼이 그 죄로 인하여 죽으리라(겔 18:4)라고 매우 분명히 가르칩니다.

구약시대 때부터 그렇게 하지 말라고 하는 것을 21세기인 오늘날에 여전히 가르치고 있는 것입니다. 심지어 여러 교단에서 불건전한 가르침으로 경계나 주의를 주고 있고 이 사상을 처음 한국에 전파했다고 볼 수 있는 이윤호 목사 역시도 이 가르침이 잘못되었음을 인정한 뒤 2012년 7월 1일부로 가르침을 중단하고 『가계에 흐르는 저주를 이렇게 끊어라』 책 역시 전량 폐기 처분하였습니다. 그 사상으로 이단으로 정죄 받은 분이 비성경적이고 잘못된 사상임을 인정했습니다. 그럼에도 불구하고 여전히 여기저기서 말해지고 행해지고 있습니다.

그렇다면 십계명에 아버지로부터 아들에게 삼사 대까지 죄를 갚는다는 말씀은 어떻게 이해해야 할까요? 그 본문도 '가계저주론'을 주장하는 사람들이 근거로 대는 본문입니다.

십계명 2계명에 나와 있는 "나를 미워하는 자의 죄를 갚되 아버지로부터 아들에게로 삼사 대까지 이르게 하거니와"(출 20:5)는 하나님께서는 제2계명에서 우상숭배를 엄히 금하며 우상숭배자는 삼사 대에 이르러 그 죗값을 받는다는 경고입니다. 그런 측면에서 그 말이 맞습니다. 하지만 바로 뒤에 나오는 말에 우리의 눈이 집중되어야 합니다. 하나님을 사랑하고 그의 계명을 지키는 자에게는 "천대까지 은혜"(출 20:6)를 받게 됨을 말하고 있기 때문입니다. '삼사 대'와 '천 대'가 나란히 놓인 것을 볼 때 우리는 이 본문을 강조 용법에 따른 평행구조로 봐야 할 것입니다. 만약 이를 굳이 문자적으로 해석하여 적용하고자 한다면 문자적으로 삼사 대까지 저주가 유전됨과 동시에 천대까지 은혜받음도 강조되어야 합니다. 불순종하는 자에게는 삼사 대에 저주가 순종하는 자에게는 천 대에 은혜는 그 수치에서도 서로 비교 불가입니다.

본문에서의 강조점은 지키는 자에게는 어마어마한 하나님의 은혜가 주어진다는 것에 있습니다. 하나님을 믿노라 하면서 우상을 만들고 그에게 절하고 섬기는 자들을 하나님께서 미워하신다는 것입니다. 언약적 경고를 하시면서 언약적 복을 약속하시는 것입니다. 하나님께서 삼사 대까지 죄를 갚는 것은 죄에 대한 하나님의 공의요, 천대에 이르기까지 은혜를 베푸는 것은 공의를 뛰어넘는 하나님의 사랑인 것입니다.

하나님께서는 공의로 인류 역사를 주관하시되 그 배후에는 언제나 인간에 대한 짙은 사랑을 깔고 있습니다. "가계의 저주" 혹은 "대물림" 사상은 이미 구약 시대와 구약 성경에서부터 비판받고 있는 이교적인 사상에 불과한데도 오늘날 이 가르침이 교인들에게 여전히 가르쳐지고 있음이 참 안타깝습니다. 예수님께서도 나면서부터 맹인 된 자(요 9장)는 그 자신의 죄도 아니요 부모의 죄의 결과도 아니라 하지 않으셨습니까? 하나님께서 하시는 일을 나타내고자 함을 가르쳤음을 우리는 반드시 기억해야 합니다(요 9:3). 가계저주론은 성경적이지 않습니다. 그렇기 때문에 그런 기도를 하거나 받을 필요가 없습니다. 여기저기에 현혹되지 마시고 오히려 참된 믿음으로 의심하지 않고 하나님께 기도하며 응답의 복을 받길 소망합니다. 샬롬!

나눔을 위한 질문

당신은 자신의 문제를 가계 저주론의 관점으로 생각한 적 있으십니까?
당신을 현혹게 하는 잘못된 성경적 가르침이 있습니까?

타로 카드(TARO Card)는
해도 됩니까?

타로 카드 점은 미래를 점치는 무속신앙 중 하나입니다. 아무리 번화가에 천막을 치고 양지로 나와 있다 하더라도 그 행위 자체가 십계명의 1~3계명을 어기는 것입니다. 이는 하나님께서 우리의 주되심을 거부하고, 우리의 유일한 도움 되심을 부인하는 행위입니다. 그 결과 무속신앙 행위를 하는 인간 스스로가 주인 행세를 하는 죄입니다.

너는 나 외에는 다른 신들을 네게 두지 말라
– 출애굽기 20:3

요즘 청년들은 가끔 대학가 근처에서 타로 카드를 보기도 합니다. 과연 타로 카드로 점을 보는 것은 문제가 없을까요? 그냥 가끔 재미로 본다고 하더라도 점집이나 무속인에게 가서 보는 것도 아니니 그냥 카드 게임으로 볼 수 있을까요?

물론 타로 카드가 14세기 말에 처음 만들어졌을 때는 놀이용 카드였습니다. 그런데 18세기 말에 프랑스의 유명한 점술가 에테일라(Etteilla 1738~1791)가 이것을 점술용 카드로 사용하였다는 말이 있습니다. 처음에는 그냥 카드 게임이었지만 훗날 점술용으로 사용되었고 중요한 것은 지금 우리가 타로 카드를 점술용 카드로 알고 있다는 사실입니다.

재미난 것은 그 점술용 카드에 성경적인 그림이 포함되어 있다는 것입니다. 그 이유는 바로 그 카드가 중세 시대에 만들어졌기 때문입니다. 그 시대 자체가 기독교 문화를 배경으로 하고 있기 때문에 그러한 그림이 들어갈 수도 있습니다. 그렇다고 해서 십자가 문양이나 에덴동산과 흡사한 장면들이 있으니 기독교 정신이 반영되었다고 볼 수는 없습니다.

적지 않은 청년들이 타로 카드를 그냥 가볍게 여기며 귀신과 상관이 있거나 점술 행위라기보다는 상담에 가깝다고 생각합니다. 그것은 바로 '상담받아보세요'라는 문구로 광고

해서 그럴 것입니다. 그리고 카드를 보고 읽는 행위 가운데 자신의 현재 상태에 대해 상담받는 듯한 인상을 주기 때문입니다. 하지만 그 상담 행위 자체가 현재와 미래에 대해 예측하는 것입니다. 심지어 기독교인이면서 타로 카드 점을 직업으로 하는 사람도 있습니다. 직업으로 그 일을 하는 사람들 스스로가 '타로점'이라고 분명히 말함을 간과해서는 안 됩니다.

제가 지도했던 청년들 중에서도 적지 않은 수가 재미 삼아 타로 카드 점을 본 적이 있다고 했습니다. 더 놀라운 것은 최근 조사 결과(2022년 1월)에 따르면 개신교인 중 23%, 즉 4명 중 1명이 최근 5년 사이에 점을 봤다고 합니다. 그중에서 90%는 어쩌다 한번 하거나 큰일이 있을 때 본다고 했지만 이것이 말하는 바가 무엇입니까? 신앙생활을 하면서도 점보는 행위를 병행하고 있는 것입니다. 더 충격적인 것은 20대의 경우 절반 가까이인 49%가 점을 본다고 응답했습니다. 타로 카드 점이 55%로 가장 이용률이 높았습니다. 재미 삼아로 시작하지만 자신의 학업, 직업, 진로, 연애 등에 대한 불안감을 묻는 것입니다. 그렇기 때문에 주변 친구들이 많이 본다는 것입니다.

물론 젊은 청년들이 자신의 미래가 불안해서 그럴 수 있다고 생각할 수 있습니다. 하지만 점을 보는 사람의 속마음은 단순히 자신의 미래가 어떠할지에 있는 것이 아니라 자신의 좋은 미래가 현재에 대한 불안을 언제 즈음 제거해 줄까에 있습니다. 이는 자신의 미래를 알고 싶어 하는 인간의 호기심이 단순 작동한 것이 아니라 더 나아가 길흉화복을 자기 능력으로 통제해서 더 나은 삶을 살고자 하는 욕망의 표출인 것입니다.

그런데 그 몇 장 되지 않는 그림 카드를 보고 자신의 현재와 미래를 끼워 맞추는 게 너무 비상식적이라 생각하지 않습니까? 그렇다 할지라도 사람들은 불안감을 해소할 작은 실마리를 거기서 찾는 것입니다. 바로 그 불안감 위에서 타로를 '리딩'(Reading)하는 것입니다.

타로를 리딩한다는 것은 점을 보러 온 사람의 질문을 듣고 선택한 그림을 보고 유추해 내는 것을 말합니다. 점을 보러 온 사람들이 뽑은 타로의 그림에 자신의 마음을 투사한다고 합니다. 그림을 보면서 무의식중에 있는 자기 생각을 표현한다고 여기기 때문에 지식이 많고 리딩 실력이 좋은 사람은 모호한 질문에도 구체적인 상황을 끌어낸다고 합니다. 재미 삼아 한번 해봤는데 현재의 자신의 상태 그리고 미래의 이야기를 하니 신비롭게 다가오는 것입니다.

여전히 귀신을 믿거나 무속신앙을 따르는 것은 아니라 재미 삼아 하는 거라고 강하게 말하는 사람에게는 문제의식을 다시 상기시켜 줘야 합니다. 아무리 변화가에 천막을 치고 양지로 나와서 한다고 한들 타로 카드 점은 미래를 점치는 무속신앙 중 하나입니다. 가끔 하는 그 행위 자체가 십계명의 1~3계명을 어기는 것입니다. 성경이 말하는 하나님은 질투하는 하나님이심을 전혀 이해하지 못하는 행위입니다.

보다 쉽게 말한다면 하나님께서 무속신앙을 금하신 이유는 하나님을 신뢰하지 않는 행위이기 때문입니다. 하나님께서 우리의 주 되심을 거부하고, 스스로 주인 행세를 하는 것입니다. 자신의 인생에 있을 복과 저주를 스스로 통제하려는 교만과 불신앙의 행위입니다. 이는 하나님께서 다스리시는 하나님 나라에 대한 소망이 없는 것이고, 하나님의 절대주권을 부인하는 행위임이 틀림없습니다. 그것을 말해줘야 합니다.

우리는 인생의 주인이 우리 자신이 아니라 하나님이심을 믿음으로 고백합니다. 이것을 거부한다는 것은 우리 믿음이 단순히 약해진 상태를 말하는 것이 아니라 하나님의 절대주권을 부인하는 것입니다. 하나님께서는 우리의 마음과 행동에 있어서 그 어떠한 부분도 예외를 두지 아니하고 전적으로 자신의 주권을 선포하고 계심을 우리는 기억해야 합니다. 우리는 우리 자신이 하나님의 것으로써 그의 주권적 통치를 받으며 사는 것이 우리의 마땅한 삶이어야 합니다. 그 절대주권이 우리 삶을 하나님의 영원한 작정으로 참으로 인도할 것을 고백하는 것이 우리의 신앙입니다.

우리는 점술가의 말을 듣는 것이 아니라 하나님의 말씀을 듣고 그의 인도하심을 받아야 하는 것입니다. 특별히 교회는 청년들이 재미삼아 심심풀이로라도 타로점을 보지 않도록 철저히 교육해야 할 것입니다. 오직 하나님을 향한 바르고 참된 신앙을 계속해서 가르치도록 힘써야 할 것입니다. 샬롬!

나눔을 위한 질문

당신은 타로 카드 점이나 다른 무속 행위를 한 적 있습니까?
당신은 주변 사람들 가운데 무속신앙을 맹신하는 사람에게
어떤 말을 해주고 있습니까?

기복주의 신앙이
꼭 나쁜 겁니까?

기복신앙은 신앙의 목적이 복 받는 그 자체에 있습니다. 하지만 우리 신앙의 본질적인 목적은 우리에게 구원의 은혜를 베푸시는 하나님께 영광 돌리는 데 있습니다. 우리가 예수님을 믿고, 기도하고, 섬기고, 전하는 이유는 보상받기 위해서가 아니라, 은혜에 감사하기 위해서입니다. 우리는 하나님으로부터 복 받는 삶이 아니라 하나님께 영광 돌리는 삶을 살고자 노력해야 합니다.

항상 기뻐하라 쉬지 말고 기도하라 범사에 감사하라
이것이 그리스도 예수 안에서 너희를 향하신
하나님의 뜻이니라
_ 데살로니가전서 5:16~18

우리는 종종 기복적인 내용이 가득한 설교를 듣습니다. 처음에는 그와 같은 설교들에 거부감이 들 수 있지만 반복되다 보면 성경을 그렇게 읽고 이해해야 하는가 하는 생각이 들기도 합니다. 왜냐하면 우리는 우리 자신이나 가족의 복과 건강을 위해 기도하고 바라는 것을 너무나도 당연하게 여기기 때문입니다.

하지만 우리는 기복신앙이 결코 좋은 것이 아님을 분명히 알고 있습니다. 기복신앙은 신앙의 목적이 복 받는 데 있기 때문입니다. 자신이 소원하는 모든 것들을 이루는 것입니다. 솔직히 우리 자신을 돌아보면 어떻습니까? 말은 먼저 그 나라와 그 의를 말하고 하나님의 영광을 말하지만 실상은 자신이 복 받는 것에 전념하는 신앙생활을 하고 있습니다. 혹자는 '어차피 믿는 거 복 많이 받는 게 더 좋은 거 아니냐'고 합니다. 물론 선포되는 복이 마치 지금 당장 내게 주어질 것 같은 설교를 들으면 힘이 나고 위로가 됩니다. 지금처럼 이렇게 살기 힘든 때에 교회에 와서 복 받는다는 설교를 듣고 기도하는 것이 큰 위로가 되는 건 사실입니다. 우리는 전도할 때나 교회 내에서 듣게 되는 "예수 믿고 복 받읍시다"라는 말이 현실이 되길 바라기 때문입니다.

맞습니다. 그 구호로 한국교회가 급성장한 사실을 부인

할 수 없습니다. 하지만 그건 전도 구호입니다. 무속 신앙적인 요소가 많은 사람에게 공통 관심사를 가지게 하는 것입니다. 기독교가 본질적으로 기복신앙 공동체라서 그런 것은 아닙니다. 그렇기 때문에 교회성장제일주의 혹은 대형주의를 목적으로 교세 확장을 위해 기복신앙적 설교를 하는 것은 잘못된 것입니다. 소위 그와 같은 신학적 성향을 '번영신학'(Prosperity Theology)이라고 합니다. 그것은 성경적이지 않습니다. 현실이 그렇다 하더라도 동의할 수 없습니다.

교회는 무속적이지 않지만 교회 안에 여전히 무속적인 분들이 계십니다. 예수님을 믿기 전에는 액땜하기 위해 굿을 했다면 이제는 예배와 기도를 합니다. 차를 사서 바퀴에 막걸리를 붓던 사람이 목사님을 불러 기도해 달라는 것이 바로 그러한 요소라 보면 됩니다.

무속적인 때를 못 벗은 초신자는 지도가 필요하지만, 오래도록 신앙생활한 대부분의 신자들은 현재의 고난을 지나 주께서 예비하신 상을 바라보며 살아갑니다. 또한 그들은 욥처럼 믿음 안에서 인내하며 복을 기대하는 것은 좋은 신앙이라 생각합니다. 오직 믿음 안에서 전화위복의 신앙을 갖는 것은 지극히 정상입니다. 하지만 우리에게 요구되는 신앙은 무엇일까요? 화가 더 큰 화로 변한다고 하더라도 지금 우리의 모습이 기대에 못 미치는 복을 받고 있다 할지라도 만족하고 감사할 수 있는 신앙입니다. 실제 하나님이 원하시는 것은 하나님의 손이 아니라 하나님 자신에게 주목하는 것 아닙니까? 하나님 나라와 그의 의를 먼저 구한다는 것은 바로 그런 의미입니다.

그런데 사실 하나님 나라는 뜬구름 같고 지금 먹고사는 현실에 목줄이 잡혀 있는 것이 문제입니다. 하늘을 바라보는 두 눈보다 땅을 딛고 서 있는 두 발이 더 크게 여겨지기 때문에 이왕이면 복 받는 삶을 살고 싶은 것입니다. 충분히 이해할 수 있습니다. 지금 그리스도인은 절대로 기복신앙적이면 안 된다고 말하는 게 아닙니다. 성경에도 복을 바라는 신앙이 다분히 포함되어 있기 때문입니다. 하지만 신앙의 본질적인 목적이 무엇이냐는 것입니다. 그것은 우리의 구원에 있고 그 구원의 은혜를 베푸시는 하나님께 영광 돌리는 데 있는 것입니다.

그렇다면 성경이 말하는 복은 무엇일까요? 우리는 흔히 예수님께서도 30배, 60배, 100배의 복을 말하고 있으니 우리도 100배의 복을 기대하며 삽니다. 마태복음 13장의 씨 뿌리는 비유입니다. 그런데 30배, 60배, 100배의 복은 천국 복음의 열매를 의미하는 것이지 세상 나라의 복이 아닙니다. 성경이 말하는 복은 이 땅에서 좋은 것에만 초점이 맞춰져 있지 않습니다. 예수님께서 말씀하신 하나님과 재물을 함께 섬길 수 없음에 대한 가르침(마 6:24)은 새겨들어야 하는 것입니다. 부를 위해 하나님이 사용되는 개념이 우리에게 조금이라도 있어서는 안 됩니다. 참된 복은 죄와 사망으로부터 구원함을 얻어 하나님 나라에서 영생을 누리는 것입니다. 예수님께서 끊임없이 하나님 나라에 합당한 삶을 요구하신 것도 이 땅에서의 물질적 복락이 아니라 하나님 나라에서의 영원한 복락을 가리키신 것입니다.

한편으로는 성도들의 마음속에 보상심리가 있어서 그렇습니다. 내가 이만큼 드리니 더 큰 복으로 돌려받겠지 하는 마음이 있기 때문입니다. 기복신앙은 일종의 보상신앙입니다. 복을 받기 때문에 믿는 것이고 복을 받지 못하거나 더 큰 복을 주는 곳이 있다면 믿음을 저버리는 것입니다. 하지만 우리의 신앙생활은 더 큰 복을 위한 우리의 투자가 아니라 받은 복에 대한 우리의 감사여야 합니다.

우리는 받은 복은 잊어버리고 감사하지 못하면서 더 큰 복과 더 새로운 복만 추구하고 자꾸 하나님은 보지 못하고 그의 손으로 만든 세상만 보았던 우리의 모습을 인정해야 합니다. 우리는 복이 아니라 하나님을 위해 살아야 합니다.

하나님께서 우리에게 복을 주시는 이유는 우리가 하나님의 조건을 만족시켰기 때문이 아닙니다. 복을 받지 못해 가난하게 살거나 질병에서 나음을 받지 못한 사람들은 신앙과 기도가 부족한 결과가 아닌 것입니다. 그렇게 생각하는 것이 기복신앙의 위험성입니다. 응답하지 않으심도 하나님의 은혜입니다. 예수님 믿는다고 해서 다 복을 받아 부자가 되고 질병이 치유를 받아 건강하게 되고 이후로 형통한 가운데 무병장수하지 않습니다. 세상적으로 보면 사도들은 우리보다 더 비참한 삶을 살지 않았습니까? 우리가 예수님을 믿고 기도하고 섬기고 전하는 이유는 보상받기 위해서가 아니라 은혜에 감사하기 위해서입니다. 중요한 것은 우리의 관점을 무엇을 믿고 어떻게 살 것이냐에서 누구를 위해 어떠한 삶을 살 것이냐로 바꾸는 것입니다. 우리는 새로운 피조물로서 하나님 나라를 위해 사는 것입니다. 무엇을 먹고 마시고 입을까 염려하지 말라는 말이 진정 우리 삶의 가치관으로 자리매김해야 할 것입니다. 샬롬!

나눔을 위한 질문

당신은 왜 복 받길 원하십니까?
당신이 받은 복 중 가장 큰 복은 무엇입니까?

우린 어떤 복을
추구해야 합니까?

우리가 추구해야 하는 복은 세상적이고 물질적인 복이 아닙니다. 우리를 향한 최고의 복은 이미 복음 안에 계시되어 있습니다. 하나님을 영화롭게 하고 하나님 앞에서 온전한 삶을 사는 것이 우리에게 복된 삶입니다. 우리는 이 복을 먼저 추구하며 살아야 합니다.

**하나님께 가까이 함이 내게 복이라 내가 주 여호와를
나의 피난처로 삼아 주의 모든 행적을 전파하리이다
_ 시편 73:28**

기복주의 신앙이 잘못된 것은 알겠는데 그렇다면 성경에서 말하고 있는 복은 무엇일까요? 구원에 대한 확신이 있고 천국이 나의 본향이라는 것은 의심의 여지가 없으니 이 세상에서도 하나님 덕분에 잘 먹고 잘 살기를 바라며 복을 비는 것은 바른 신앙이지 않습니까? 이와 같은 질문이 바로 번영신학(Prosperity Theology)에 대한 정의입니다.

번영신학이란 성경을 복의 관점에서 해석하고 하나님의 뜻은 우리가 재정적으로 복을 받아 물질의 풍요로움을 누리는 것이라 가르치는 것입니다. 한마디로 말하면 구원받았으니 이 땅에서 복도 받자는 것입니다. 물질적 복을 받는 것은 당연하다, 믿음은 부를 낳는다는 것입니다.

우리가 하나님께 복을 비는 것은 결코 문제되지 않습니다. 복 받기 위해 하나님을 '도구화'하는 것이 문제입니다. 우리의 타락한 본성에서 나오는 탐욕이 신앙의 옷을 입은 것입니다. 이는 하나님을 사랑하기보다는 세상을 더 사랑하는 행위입니다. 번영신학에서는 물질적 부를 증가시키는 요소가 바로 믿음이라고 말하기 때문에 우리가 하나님을 믿는다면 하나님께서 반드시 우리 삶의 안정과 물질적 번영을 준다고 정당화하는 생각이 잘못된 것입니다.

그렇다면 창조 명령은 어떻게 이해해야 할까요? 하나님

께서 창조 명령으로써 생육하고 번성할 것을 명령하셨습니다(창 1:26~28). 우리가 이 땅에서 번성, 번영, 부유해지는 것은 성경적 가르침으로 이해할 수도 있습니다. 물론 죄가 세상에 들어오기 전에 지상 대리인으로서 사람에게 주신 하나님의 명령은 생육하고 번성하는 것이 맞습니다. 하지만 죄로 인해 생육과 번성에 제약이 생겼음을 기억해야 합니다. 타락한 우리의 존재는 가시와 엉겅퀴가 있는 세상과 같은 것입니다. 또 타락 후에도 하나님께서는 노아와 그의 가족 그리고 온 세상을 향해 생육과 번성을 명하셨습니다(창 8:16~17; 9:1, 7)

그런데 솔직히 돈이 좀 있어야 더 행복하고 평안과 만족을 누리는 것이 사실입니다. 대부분의 교인들도 신앙과 부를 연결해 이해하곤 합니다. 물질적으로 부유하신 분들이 교회에 중직을 맡는 것도 다 그런 이유로 아는 분들이 있습니다. 사실 교회가 믿음으로 성공하고 부를 축적하신 분들을 높이 평가하고 좋아합니다. 하지만 신앙의 결과로 복을 많이 받아서 칭찬하는 것이 아닙니다. 믿음과 헌신의 모습에 칭찬받는데 남들보다 조금 더 부유한 것입니다.

반대로 교회사에서 '청빈'이 강조되었던 것처럼 성경도 현세적인 복을 무시할까요? 아닙니다. 예수님께서 주기도를 가르치시면서 '일용할 양식'(마 6:11)을 구하라 하신 것처럼 우리는 우리의 삶을 위해 육신적인 필요를 구해야 합니다. 성경은 물질적인 복을 구하는 것 자체를 금하지 않습니다. 오히려 예수님께서는 자신과 복음을 위해 무언가를 상실한 자는 박해를 받더라도 그 잃어버린 바를 백배나 받고 영생을 받지 못할 자가 없다고 하셨습니다(막 10:29~30).

예수님께서는 영적인 복을 강조하지만 현세적 복 자체를 거부하지 않으셨습니다. 축복의 장이라 불리는 신명기 28장만 보더라도 현세적인 복과 영적인 복이 함께 말해지고 있습니다. 그런데 주의할 점은 영적인 복이 우선이라는 사실입니다.

영적인 복이 우선이라고 한다면 삼박자 축복(요 3:2) 역시도 영적인 복을 우선시하지 않느냐는 질문이 주어질 수 있습니다. 우리에게 참으로 익숙한 축복의 말씀이기 때문입니다. 영혼이 잘 되면 범사가 잘되지 않을까요? 그 해석은 문제가 있습니다.

요한3서 2절은 저자인 요한의 인사말이고 기원입니다. 결코 성경에서 말하는 복의 원리나 명령이 아닙니다. 자동적 물질적 부요와 육체적 건강을 의미하지 않습니다. 다시 말해 영적인 구원이 물질적 복과 건강으로 이어짐을 말하는 본문이 아닙니다. 오래도록 그렇게 듣고 그렇게 믿어 왔지만 잘못 듣고 잘못 믿은 것입니다. 최고의 복은 복음 안에 계시되어 있습니다. 우리의 구원과 하나님과의 관계 회복에 대한 예수님의 목숨 건 복을 우리는 이미 소유하고 있음에도, 그 복을 누구나가 다 가지고 있는 복으로 하찮게 여기거나 중요하지 않게 여기는 것이 문제입니다.

우리는 우리가 먼저 그의 나라와 의를 구하는 삶을 살면 모든 것을 더하여 주신다는 말씀(마 6:33)을 너무나도 잘 알면서도 예수님 믿어서 잘 살고 건강하고 장수하게 될 것을 바라고 소망하며 기도하는 것입니다. 하나님을 영화롭게 하고 하나님 앞에서 온전한 삶을 사는 것이 먼저입니다.

그렇다면 그 현세적이고 영적인 복은 어떻게 받을까요? 말씀에 대한 순종으로 받습니다. 말씀을 삶으로 실천하여 행하는 것입니다. 말씀에 순종하면 영적인 복이든 세상적인 복이든 반드시 복을 받습니다. 하지만 세상적인 복보다는 영적 고난을 더 많이 받으시는 분들도 있습니다. 신앙으로 볼 때 더 경건하다 할지라도 세상적으로 가난할 수 있다는 말입니다. 그렇기 때문에 신앙과 물질적 복을 등식화하거나 법칙으로 삼으면 안 될 것입니다.

비록 세상적으로는 가난하지만 신앙 안에서 참으로 행

복하게 사시는 분들이 많습니다. 성경에 나타난 신앙의 선배들이 그러했습니다. 영적인 복을 먼저 구하시기를 바랍니다. 진정 청지기의 자세로 하늘 상급을 쌓는 분들을 보면 우리가 사람을 바라보는 눈이 얼마나 세속적으로 변질되었는가를 알 수 있습니다. 물질로 신앙을 판단하고 사람 자체의 서열을 매기는 모습을 반성해야 할 것입니다. 세상적인 복이 따라오던지 아니던지 그것에 연연하지 말고 오직 하나님 앞에서 믿음의 삶을 사시기 바랍니다. 그것이 진정 복 된 삶이라는 사실을 믿고 복음의 약속으로 만족하고 하늘 상급을 기대하는 신앙의 삶을 사시기를 바랍니다. 샬롬!

나눔을 위한 질문

당신은 복음을 최고의 복이라 생각하십니까?
당신은 어떻게 먼저 그 나라와 의를 구하며 사십니까?

'주여'라고 안 하면
안 됩니까?

하나님을 신뢰하는 마음으로, 하나님께 기도하고자 하는 마음으로 '주여'를 부른다면 그건 전혀 문제가 되지 않습니다. 하지만 하나님의 이름을 추임새 넣듯이 불러서는 안 될 것입니다. 우리는 아버지 되신 하나님의 이름을 부를 때에 반드시 우리의 신앙고백을 담아 정당하고 존귀하게 불러야 합니다. 우리는 오직 하나님께 영광과 찬송을 올려 드리고자 하는 마음으로 하나님의 존귀하신 이름을 거룩히 부르는 것입니다.

너는 네 하나님 여호와의 이름을 망령되이 일컫지 말라
나 여호와는 내 이름을 망령되이 일컫는 자를
죄 없는 줄로 인정하지 아니하리라
_ 신명기 5:11

교회에서 기도회를 할 때 외치는 '주여 삼창'이 너무나도 부담스러운 사람들이 있습니다. 큰소리로 울부짖으며 기도해야 기도하는 것 같다고 생각하는 분들에게는 '주여 삼창'이 기도의 포문을 열어준다면, 반대로 조용히 자기 소리만 들려야 기도가 잘 된다는 분들에게는 '주여 삼창'이 부담스러울 겁니다.

기도회 때 외치는 '주여 삼창'은 전자의 의견이 더 반영된 거라 보면 될 것입니다. 아마 교회들이 '주여 삼창'을 하는 이유는 성도들로 크게 부르짖어 기도하게 하려고 그러는 듯합니다. 먼저 다 같이 큰 소리로 부르게 한 뒤에 그 큰 소리에 힘입어 각자가 큰 소리로 기도하라는 것입니다.

그런데 '주여 삼창'은 성경적 근거에 대한 의문이 제기되곤 합니다. 우리가 기도회 때 외치는 '주여 삼창'에 대한 성경적 근거를 찾기는 힘듭니다. 하지만 성경적 근거가 있다고 주장하는 사람들은 흔히 다니엘 9장 19절에 "주여 들으소서 주여 용서하소서 주여 귀를 기울이시고 행하소서 지체하지 마옵소서"에서 '주여'가 세 번 반복되어 나타난다고 합니다.

또 다른 사람은 하나님은 삼위일체 하나님이시니 '주여'라고 세 번 부르짖는다고도 합니다. 혹자는 부흥사들이 '만세 삼창'에서 따와서 '주여 삼창'을 적용했다고 하기도 합니다. 어떠한 연유인지 정확히 알 수 없지만 '주여 삼창'은 현재 한국 교회의 기도 문화 중 하나라는 것은 분명한 사실입니다. 교회에서 기도회 인도를 더 잘하고자 하는 측면으로 이해하면 좋을 듯합니다.

여기서 궁금한 것이 있습니다. 그렇다면 외국 교회들도 '주여 삼창'을 할까요? 모든 교회들을 향해 장담할 수는 없지만 다 같이 기도하더라도 무슨 기도를 하는지 들릴 듯 말 듯 하는 사람들이 대부분입니다. 그래서 '주여 삼창' 후 '통성 기도'하는 것을 가리켜 '한국식 기도'라 부르기도 합니다.

혹자는 '더 크게 부르짖어야 하나님께서 응답하신다'라는 말을 들을 때마다 마치 갈멜산에서 엘리야 선지자가 바알 선지자들을 조롱하는 장면(왕상 18장)이 떠오르면서 '이렇게 주님 이름을 막 불러도 되나'라는 생각이 들 수 있습니다. 분명한 사실은 우리는 하나님의 이름을 망령되이 부르거나 함부로 불러서는 결코 안 된다는 데 있습니다.

만약 '주여 삼창'의 근거 본문이라 일컬어지는 다니엘 9장 19절을 문자적으로 적용한다면 '주여 주여 주여'에 바로 이어서 나오는 '나의 하나님이여'도 같이 넣어서 하는 것이 더 성경적이지 않을까요? 그리고 예수님께서 하신 '주여 주여 하는 자마다 다 천국에 들어갈 것이 아니요'(마 7:21)라는 말씀은 어떻게 이해해야 할까요? 예수님의 말씀은 삶과 일치하지 않는 기도로써 '주여 주여'는 무의미하다는 말이지 않습니까? 그뿐 아니라 하나님께서 '너는 내게 부르짖으라 내가 네게 응답하겠고'(렘 33:3)라고 하신 말씀은 문자적으로 '주여' 혹은 '아버지'라고 부르라는 말이 아닙니다. 하나님께 기도하라는 말입니다. 강조점은 기도의 '행위'로써 부르짖는 것이 아니라 기도의 '대상'인 하나님께 있는 것입니다. 하나님의 하나님 되심을 신뢰하고 의지하는 마음으로 기도하라는 의미입니다.

만약 하나님을 신뢰하는 마음으로, 하나님께 기도하고자 하는 마음으로 '주여'를 부른다면 전혀 문제되지 않습니다. 하지만 '기도가 안 되면 주여만 외쳐라'는 식으로 통성기도를 위한 도구가 된다면 하나님의 이름을 함부로 부른다는 오해를 불러일으킬 수 있습니다.

교회 분들 가운데서도 식당 설거지를 하다가도 '주여~', 쪼그려 앉았다 일어나면서도 '주여~', 무슨 이야기 하다가도 '주여~', 어떤 분은 기도할 때 십초 단위로 '주여~'하시는 분도 있습니다. 어떻게 하나님의 이름을 이렇게 막 부를 수 있는지 왜 이러한 모습이 교회에 마치 신앙 좋은 사람의 모습으로 나타나기 시작했는지 의문이 드는 부분입니다.

만약에 그분들이 어린 아이들이 부모를 수시로 찾듯이 순수한 마음으로 부르는 것이라면 괜찮다고 볼 수 있습니다. 하지만 그게 아니라 한숨 쉬듯이 '주여~'하는 것이라면 이것은 반드시 고쳐야 하는 한국 교회의 모습입니다. 하나님의 이름은 추임새 넣듯이 불러도 되는 이름이 아니기 때문입니다. 분명한 것은 우리는 큰 소리로 부르짖건 속으로 기도하건 어떠한 형식으로든지 기도할 수 있어야 합니다. 교회에서든 가정에서든 직장에서든 어디서든지 기도할 수 있어야 합니다. 기도를 더 잘하고자 '주여 삼창'하고 크게 소리 내어 간절히 기도할 수 있다면 침묵으로도 더 간절히 기도할 수 있어야 할 것입니다. '주여'하고 부르짖어야 하나님께서 들으시는 것도 아니고 쉰 목소리가 기도 응답이나 상급도 아니기 때문입니다.

하나님의 이름은 하나님의 존재 자체를 가리킵니다. 하나님께서는 이스라엘을 구원하사 그들과 언약을 맺기 위해 자신의 이름을 '여호와'로 계시하셨습니다(출 3:14, 34:6). 그 이름의 하나님께서는 이스라엘과 함께 하심으로 인해 듣는 이들로 말미암아 간담이 녹게 하셨음을 기억해야 합니다(수 2:24). 우리가 부르는 '주'는 동일한 바로 그 하나님이십니다. 그렇기 때문에 우리는 아버지 되신 하나님의 이름을 부를 때에 반드시 우리의 신앙고백을 담아 정당하고 존귀하게 불러야 합니다.

하나님께서 우리로 그의 이름을 망령되이 일컫지 말라 명령하셨으니(신 5:11) 우리는 그 계명에 더욱 적극적으로 순종해야 할 것입니다. 우리가 우리의 이름이나 직분명을 아무런 의미 없이 부르는 것을 이상하게 여기듯이 기도회를 위해 하나님의 이름을 도구화해서는 안 될 것입니다. 우리는 오직 하나님을 향한 우리의 신앙 고백과 그에게 영광과 찬송을 올려 드리고자 하는 마음으로 하나님을 부르는 것입니다. 그것이 바로 하나님의 존귀하신 이름을 거룩히 부르는 것입니다. 샬롬!

나눔을 위한 질문

당신은 기도할 때 하나님을 어떤 분으로 인식하며 기도하십니까?
당신은 어떤 기도를 더 선호하십니까?

기도는 누구에게
하는 겁니까?

우리는 오직 하나님께만 기도합니다. 우리는 오직 유일한 중보자 되신 예수 그리스도의 이름으로 기도합니다. 우리의 기도를 들으시고 응답하실 수 있는 분은 오직 하나님밖에 없습니다. 우리의 기도는 하나님께서 우리에게 요구하시는 감사의 가장 중요한 부분입니다.

아무 것도 염려하지 말고 다만 모든 일에 기도와 간구로
너희 구할 것을 감사함으로 하나님께 아뢰라
_ 빌립보서 4:6

우리는 '기도'의 방법에 대해 관심이 많습니다. 특별히 다양한 기도 종류를 가르치는 로마가톨릭교회 신도와 기도에 대해 말할 때 우리는 잘못된 기도를 행하고 있다고 비판받기도 합니다. 왜냐하면 우리는 기도를 했지, 기도가 도대체 뭔지는 잘 모르고 있다는 비판입니다.

그렇다면 로마가톨릭교회에서 말하는 기도는 무엇일까요? 로마가톨릭교회에서 구분하는 기도의 종류는 네 가지입니다. 흠숭, 감사, 청원, 통회 기도입니다. 흠숭 기도는 오직 하나님께만 드리는 존경과 찬미의 기도입니다. 그리고 하나님께 받은 은혜에 대한 감사기도, 원하는 바를 구하는 청원기도 그리고 자신의 죄에 대해 통회 하면서 하는 기도가 바로 통회기도입니다.

다른 용어들은 익숙해서 대략적으로 이해가 되는데 '흠숭'이란 용어는 익숙지 않습니다. '흠숭'은 '흠모하고 공경하다'는 뜻입니다. 로마가톨릭교회에서 마리아나 성인들이나 다른 일반 사람들에게는 '공경'이라는 용어를 쓴다면 오직 하나님께는 '흠숭'이라는 용어를 구별하여 사용합니다.

이런 용어를 구별하여 사용하는 것 자체는 그럴 수 있다고 생각합니다. 하지만 공경하는 마음으로 마리아나 성인들에게 하는 기도가 문제입니다. 하나님을 최고로 흠모하고 공경한다는 것 자체는 전적으로 동의할 수 있습니다. 하지만 기도의 다른 대상들에 관해서는 동의할 수 없습니다. 우리는 오직 하나님만이 기도의 대상이라고 한다면 로마가톨릭교회는 기도의 대상이 오직 하나님만이 아닙니다. 그들은 하나님께도 기도하고 또한 마리아나 천사나 성인들에게도 기도합니다. 물론 그들 역시도 최종적으로 기도가 하나님께 바쳐지는 것이라고 말합니다. 그들이 마리아나 천사나 성인들에게 하는 기도는 하나님 앞에서 자신들을 위해 대신 전해 주기를 청원하는 기도라는 것입니다. 하나님께 기도할 때는 '자비를 베푸소서'라고 직접적으로 말한다면 마리아와 성인들에게는 자신들을 위해 '빌으소서'라고 청한다며 약간의 문구 차이가 있다고 합니다. 하지만 그들이 하나님 외에 다른 사람들에게 기도한다는 사실은 부인할 수 없습니다.

그들은 왜 마리아나 성인들에게 기도할까요? 이유는 매우 단순합니다. 이미 하나님 앞에 있는 마리아와 성인들에게 기도함으로 그 기도가 직접 전달되기를 바라는 것입니다. 하나님을 직접 만나지 못하는 자신들의 기도보다는 직접 만나는 성인들의 기도가 더 강하게 전달된다는 것입니다. 그와 같은 개념이 바로 예수 그리스도의 유일한 중보자 되심을 거부하고 훼손하는 것입니다. 마리아와 성인들 역시도 하나님과 인간 사이에 중재자 역할을 하는 자들로 한몫을 차지하는 것입니다.

만약에 우리가 스스로 통회기도를 할 수 있다면 우리가 익히 아는 로마가톨릭교회의 고해성사는 필요 없는 것 아닐까요? 통회기도와 고해성사도 로마가톨릭교회에서는 다르다고 말합니다. 그들이 말하는 통회기도는 하나님께 자신이 죄를 지었음을 인정하고 고백하는 것입니다. 자기 잘못을 뉘우치고 다시는 그 죄를 반복하지 않기로 결심하면서 하나님의 자비와 용서를 구하는 기도입니다. 여기까지는 우리가 익히 알고 인정할 수 있는 내용입니다. 하지만 이 기도를 선행한 후에 무엇이 뒤따르는지 아십니까? 사제에 의한 죄에 대한 '현세적 벌'인 '보속'이 뒤따릅니다. 이것이 고해성사입니다. 누구든지 죄를 고백한 자는 사제에 의해 부여되는 그 보속을 실천해야 하는 것입니다.

로마가톨릭교회에서 삼위하나님의 자비와 죄용서는 사제에 의해서 구해지는 것입니다. 그리고 성도는 사제가 내리는 보속인 현세적 벌을 반드시 이행해야 합니다. 이에 따라 고해성사가 실제 완성되는 것입니다. 하지만 결코 성경의 지지를 받을 수 없습니다. 성경은 오직 그리스도로 말미암아 우리의 모든 죗값이 치러졌음을(엡 1:7; 골 1:14) 선포하고 있습니다. 더 이상의 보속이 필요 없습니다. 우리는 오직 하나님께 기도합니다. 우리는 오직 유일한 중보자 되신 예수 그리스도의 이름으로 기도합니다.

그렇다면 우리가 행하는 기도는 무엇일까요? 우리가 흔히 정의하는 '기도는 호흡이다, 향기다, 편지다' 등은 대부분 기도 행위의 중요성을 말해주는 비유들입니다. 『하이델베르크 요리문답』에서 기도는 바로 하나님께서 우리에게 요구하시는 감사의 가장 중요한 부분입니다. 간구하고 청원하는 형태인 기도의 핵심은 바로 하나님의 은혜 베푸심에 감사하고 과거에 베푸셨고 미래에 베푸실 하나님의 은혜에 전적으로 의존하며 살게 하심에 감사하는 것입니다. 그렇기 때문에 기도란 하나님의 은혜에 감사하는 마음으로 의존하는 행위라 정의할 수 있습니다.

어떻게 기도하는 것이 하나님께 의존하는 것일까요? 우선 하나님께서 그리스도를 통해서 우리의 아버지가 되셨다는 것을 어린아이처럼 믿어야 합니다. 그리고 우리의 기도를 거부하지 않으시고 들으신다는 확신을 가져야 합니다. 비록 우리가 자격 없는 존재라 할지라도 구원에 필요한 모든 것이 오직 그리스도 안에 소유되어 있음을 믿고 아버지 되신 하나님께 그의 뜻에 합당한 것들을 진심으로 구한다면 하나님께서는 반드시 응답하실 것이라는 확신을 가지고 기도하면 됩니다. 그렇게 하나님의 은혜를 구하고 하나님의 은혜에 의존하며 하나님의 뜻대로 사는 것이 참된 기도 생활이라 할 수 있습니다. 샬롬!

나눔을 위한 질문

**당신은 기도의 대상인 하나님에 대한 신뢰와 응답에 대한
믿음이 있습니까?
당신의 기도 중 가장 많은 부분을 차지하는 내용은 무엇입니까?**

이단과 사이비는
뭡니까?

이단은 성경과 기독교 정통 교리에서 시작하였지만, 거기에서 벗어나 왜곡하여 가르침으로 인해 그 믿는 바의 끝이 다릅니다. 그에 반해 사이비는 탈기독교적이고 반사회적이기에, 성경과 기독교 정통 교리와 근본적으로 다릅니다. 이단과 사이비는 반드시 경계하고 멀리해야 합니다.

**사랑하는 자들아 영을 다 믿지 말고
오직 영들이 하나님께 속하였나 분별하라
많은 거짓 선지자가 세상에 나왔음이라
_ 요한1서 4:1**

'이단'은 뭐고, '사이비'는 또 뭡니까? 동의어 아닙니까? 어떻게 구분될까요? 이단과 사이비는 엄밀하게 서로 다른 단체를 지칭합니다. 이단과 사이비 모두 한자어입니다. 이단(異端)은 '다를 이'에 '끝 단'자로 '끝이 다르다'는 뜻입니다. 사이비(似而非)는 '닮을 사', '말 이을 이', '아닐 비'로 '겉보기에는 비슷하지만 근본적으로는 다르다'란 의미입니다.

끝이 다른 것과 근본적으로 다른 건 또 무엇일까요? 간단히 말한다면 이단은 성경과 기독교 정통 교리에서 시작하였지만 거기에서 벗어나 왜곡하여 가르치기에 그 믿는 바의 끝이 다른 것이라면, 사이비는 탈기독교적이고 반사회적이기에 성경과 기독교 정통 교리와 근본적으로 다르다는 말입니다.

좀 더 구체적으로 설명하면 다음과 같습니다. 우리는 기록된 계시의 말씀을 완전히 알 수 없습니다. 그렇기 때문에 특정 구절에 대해 여러 해석이 나올 수 있고 특정 교리에 대해서도 여러 주장이 나올 수 있습니다. 그런데 '그렇게 해석될 수도 있겠다'의 범주가 아니라, 도저히 받아들일 수 없는 주장을 할 때가 있습니다. 그래서 정통교회가 '그 주장은 아닙니다' 하며 성경적 가르침으로 교정해 주었음에도 불구하고, 따르지 않고 고집하는 자들을 이단으로 정죄하는 것입니다. 한마디로 말해 다양한 해석이 있을 수는 있지만, 받아들일 수 없는 해석에 대한 권면을 부정하고 고집하는 자가 이단입니다. 거기에 더하여 파당을 이루는 것입니다. 우리 역시도 교회 내에서 때때로 지식이 부족하고 기억하지 못하거나 혼동해서 잘못 가르칠 때가 있습니다. 그렇다 하더라도 우리는 그 잘못을 이내 수정하고 반복해서 가르치지는 않습니다. 하지만 이단들이 정죄 받는 이유는 바로 그들이 권면을 거부할 뿐 아니라 보다 적극적으로 파당을 짓기 때문입니다.

이단으로 정죄하는 기준은 무엇일까요? 분명한 기준이 있습니다. 하나님, 예수님, 성령님, 삼위일체, 성경, 교회, 구원 그리고 종말에 대한 신앙 중 '어느 하나라도' 부인하거나 현저하게 왜곡하여 가르치고 주장하는 것입니다.

구체적으로 이단들은 무엇을 어떻게 부인하고 왜곡할까요? 예를 들면, 하나님은 한 분이 아니고 예수님은 피조 된 인간이었다고 하거나 성령님을 하나님의 능력이나 도구로 취급하는 것입니다. 삼위일체론에서는 '삼위'를 거부하고 성부 하나님만 참 하나님이거나, '일체'를 거부하고 삼신론을 주장하는 것입니다. 그리고 성경을 무오한 하나님의 말씀임을 거부하거나, 66권 외에 다른 성경을 정경으로 말하거나 추가하여 받아들이는 것입니다. 또한 자신들의 교회만이 참된 교회이고 다른 교회들은 거짓 교회이거나 구원이 없는 교회로 폄훼하는 것입니다. 구원 역시도 오직 그리스도, 오직 은혜, 오직 믿음이 아니라 다른 중보자를 인정하고 오직 믿음이 아닌 행위나 공로(선행이나 기부 등)를 조건으로 말하는 것입니다. 마지막으로 종말의 시기를 말하거나 재림주가 이미 오셨음을 말하는 것입니다. 이 모든 것을 부인하면 이단이 될까요? 모든 것뿐 아니라 이 중 어느 하나라도 즉 기독교 핵심 교리 중 어느 하나라도 부인하면 이단으로 정죄 받습니다.

사이비도 이 중 하나를 부인할까요? 사이비도 신학적으로는 이단적인 사상의 토대를 가지고 있다 할 수 있습니다. 하지만 사이비는 정통교리에 대한 해석의 차이나 견해의 차이보다는 그들의 행위가 탈기독교적이고 반사회적인 것이 문제입니다. 기독교를 배경으로 해서 기독교의 이름으로 존재하고 활동할 뿐입니다.

어떠한 것들이 탈기독교적이고 반사회적일까요? 예를 들면, 자신들의 교리를 빙자하여 교주와의 성관계를 강요한다거나 지속적으로 금전을 요구하는 것입니다. 그리고 치유 능력을 빙자하여 불법 의료행위를 자행하는 것입니다. 일반적으로 이혼, 가출, 휴학을 권하여 가정을 파괴하기도 하고 감금, 폭력, 협박, 미행 심지어 살해 혹은 집단 자살까지 유도해서 사회와 법질서를 파괴하기도 합니다.

기독교의 탈을 쓰고 끔찍한 일들을 자행하는 이단과 사이비는 우리 영혼에 해악을 끼치는 실로 무서운 것들입니다. 그렇기 때문에 교단에서는 이단과 사이비에 대해 세 가지 지침을 제공하고 있습니다. 경계, 예의주시 그리고 참여 금지입니다. 이단성 혹은 사이비성 문제가 제기될 때 우선적으로 경계하게 하고 총회의 결과가 있을 때까지 예의 주시하며 교류 및 관계를 절제하게 한 뒤 총회의 참여 금지 결정이 내려지면 일체의 참여 및 교류를 금지하는 것입니다.

세 가지 지침도 낯선 데 기존 이단과 사이비의 수법은 날로 교묘해지고 신종 이단 사이비들도 많습니다. 우리는 어떻게 그와 같은 집단들을 분별할 수 있을까요? 가장 간단한 방법은 교역자에게 묻는 것입니다. 기독교 색채를 가진 모임에 관심이 있으시다면 항상 교회의 교역자들에게 먼저 '허락'을 받고 참여하면 됩니다. '통보'하는 것이 아니라 '허락'을 받는 것입니다. 먼저 문의하고 허락하면 참석하고, 허락하지 않으면 참석하지 않는 것입니다. 심지어 인터넷 동영상조차도 허락받고 시청하기를 권면합니다. 그렇게만 하면 이단이나 사이비에 빠지지 않을 것입니다. 그보다 먼저 우리가 지금 속해 있는 교회의 가르침에 충실히 하고자 노력하시고 채워지지 않는 갈증 역시도 본 교회 교역자들을 통해 공급받도록 힘쓰시기를 바랍니다. 샬롬!

나눔을 위한 질문

당신은 이단이나 사이비를 직·간접적으로 경험한 적 있으십니까?
당신에게 있는 잘못된 신앙적 요소는 무엇입니까?

신사도운동은
뭡니까?

'신사도운동'은 하나님께서 마치 1세기 초대교회 때
와 같이 새로운 사도들을 일으켜서 12사도들의 사역
을 행하게 한다는 운동입니다. 여기서 '신사도'는 성령
님으로부터 교회에 하시는 말씀을 듣는 전 세계 기독
교 지도자입니다. 하지만 신사도운동은 성경적 근거
가 없을 뿐 아니라, '참여 금지' 명령이 내려졌고 '불건
전운동'으로 확인되고 있습니다.

만일 누구든지 이것들 외에 더하면 하나님이
이 두루마리에 기록된 재앙들을 그에게 더하실 것이요
_ 요한계시록 22:18

오늘날에도 사도와 예언자들이 있을까요? 초대교회 시대와 마찬가지로 지금 시대에도 사도와 예언자들을 통해 교회는 새 부대에 담기고 있을까요? 이와 같은 주장을 하는 것이 바로 '신사도운동'입니다. 단도직입적으로 말해 오늘날에 새로운 사도와 예언자는 없습니다.

신사도운동은 무엇일까요? 언제부터 시작된 운동일까요? 신사도운동은 지금 시대에 사도의 직책이 있고 새로운 사도인 신사도에 의해 교회가 개혁되어야 한다는 주장입니다. 그 시작 연도는 일반적으로 2001년으로 봅니다. 신사도운동의 핵심 인물인 피터 와그너(Charles Peter Wagner, 1930~2016)가 2000년에 12명의 사도를 세웠고, 2001년 국제사도연맹이라는 '사도의회'를 조직한 이래로 신사도운동이 시작되었습니다.

이들이 말하는 '사도'는 어떠한 존재일까요? 신사도운동의 가장 큰 특징이자 문제점은 바로 '신사도'라는 이름에서 나타납니다. 요지는 이렇습니다. 마지막 때에 하나님께서 마치 1세기 초대교회 때와 같이 새로운 사도들을 일으켜서 12 사도들의 사역을 행하게 한다는 것입니다. 신사도운동에서 사도는 전 세계 기독교 지도자로서 성령님으로부터 교회에 하시는 말씀을 듣는 자들이라고 합니다. 분명한 것은 오늘날 교회에는 사도적 인물의 계승이나 사도적 직분의 계승은 없습니다. 오직 '사도적 가르침'의 계승만 있을 뿐입니다.

또한 사도 밑에 '예언자'도 있습니다. 예언자는 사도에게 수직적 복종 관계에 있는 자들입니다. 그들은 하나님으로부터 들은 말씀을 사도들에게 말하고, 이를 사도들이 판단하고 평가해서 전략을 세워 실행한다는 것입니다. 왜 사도들이 판단할까요? 아이러니하게도 하나님의 말씀을 듣고 전하는 예언 중 틀린 것들이 많아서 사도들이 판단하는 것입니다.

신사도운동은 자신들이 사도이며 예언자라고 주장하면서도 동시에 중보자라고 합니다. 중보자를 교회의 독특한 직분으로 언급하는데, 심지어 1970년대에 이르러서야 받아들여지기 시작한 직분이라고 말합니다. 터무니없는 주장입니다. 새 언약의 중보자 되신 예수님으로는 부족하다는 오류를 낳는 것입니다.

그런데 우리를 현혹하는 말 중 하나는 바로 성령님께서 신약시대와 마찬가지로 오늘날도 우리에게 계속 말씀하고 계신다는 것입니다. 얼핏 듣기에는 맞는 말 같습니다. 그런데 그 사역의 내용에 있어서 문제가 있습니다. 바로 '계시론' 문제입니다. 오늘날에도 하나님의 직접적인 계시가 주어지며 사도들과 예언자들에게 주어진 계시의 말씀이 기록된 계시를 보충한다는 것인데, 이것은 우리의 표준문서인 『웨스트민스터 신앙고백』(The Westminster Confession of Faith, 1647)과 정면으로 충돌합니다.

『웨스트민스터 신앙고백』 제1장 성경에 대한 내용 중 1항은 "하나님께서 자기 백성에게 자신의 뜻을 계시하시는 이전 방식은 이제 중단되었다"고 진술하고 있습니다. 그리고 6항을 보면 "이 성경에다 성령의 새로운 계시이든 사람의 전통이든 어떤 것이라도 어느 때에라도 덧붙여서는 안 된다"고 되어 있습니다. 무엇을 말합니까? 성경의 충분성과 종결성을 말합니다. 우리는 이것을 우리의 신앙으로 받아들입니다. 소위 사적으로 주어지는 직통계시를 거부한다는 말입니다. 직통계시를 인정한다는 것은 성경을 유일한 계시의 기준으로 보지 않는다는 것이고, 자신들의 경험을 하나님의 말씀 앞에 내세우는 것입니다. 심각한 문제입니다.

물론 평범한 성도 입장에서는 교회의 지도자가 예언하고 치유 사역을 한다고 하면 그 분위기에 압도당할 것입니다. 성령님을 통한 믿음의 역사와 기적은 초대교회 때나 지금이나 동일하게 나타납니다. 하지만 그 성령님의 역사는 결코 기록된 계시의 말씀과 충돌하거나 배치되지 않습니다. 신사도운동의 실제 현장을 보면 하나님 말씀과 성령의 열매를 신비적 체험으로 격하하여 종교적 판타지에 가깝게 행하고 있습니다. 더 심각한 것은 누구든지 성경에 더하여 새로운 특별 계시를 더하면 이단임을 알아야 하는데 체험이 강조되다 보니 분별력이 사라지는 것입니다.

그 현혹됨을 방지하고자 우리 교단은 이미 조치를 취했습니다. 2009년 총회에서 신사도운동에 '참여를 금하라'고 규정했고, 2011년에 '불건전운동'으로 재확인했습니다. 사도의 직분, 예언, 직통계시 등이 지적 사항이었습니다. 우리 교단은 "신사도개혁운동을 '극히 불건전한 사상'으로 규정하고, WLI(와그너사역연구원)와 직간접적으로 연결되어 있는 이들을 '강사'로 초빙하거나 그들의 저술을 탐독하지 못하도록 '참여 금지'시키는 것이 가한 줄 안다"고 결정했습니다. 이 사실을 공유하는 것이 중요합니다. 신사도운동에 관심을 보이는 주변 사람들에게 교단의 결정 사항을 전달하는 것이 가장 간단한 방법 중 하나입니다.

우리는 신사도운동에 우호적인 사람에게 선한 마음으로 복음적 성경 해석과 교리를 설명하는 것이 허무할 때가 있습니다. 왜냐하면 이미 신사도운동에 우호적인 마음과 체험 중심의 신앙이 우리의 말을 거부하기 때문입니다. 그리고 그 자신이 믿고자 하는 바는 더 학식 있고 권위 있는 목회자와 교수들에 근거시키고, 우리의 설득하는 말은 우리 개인의 좁은 식견으로 치부해 버리기 때문입니다. 결국 권위의 문제로 이어지는 것입니다. 교단의 공식적인 입장을 알려줄 때 권위의 문제뿐 아니라 무의미한 논쟁도 종식될 것입니다. 만약 자신이 속한 교단의 결정조차도 거부하고자 한다면 타 교단의 결정도 알려주면 될 것입니다.

우리가 기억해야 할 말씀은 "영을 다 믿지 말고 오직 영들이 하나님께 속하였나 분별하라"(요일 4:1)입니다. 우리는 성경으로 충분합니다. 성경에 충실하면 됩니다. 예수님께서 다시 오시기 전까지 그 어떠한 특별 계시도 우리에게 주어지지 않을 것입니다. 진리의 영이신 성령님께서도 오직 성경을 우리에게 가르치사 진리 안에 살도록 인도하실 것입니다. 샬롬!

나눔을 위한 질문

당신은 새로운 계시에 대해 어떤 입장입니까?
당신은 신비한 체험을 원하십니까?

성령 운동에
참여해도 됩니까?

오늘날 행해지는 소위 '성령 운동'은 성령님께서 주체가 아니라 오히려 객체로 전락한 개념을 담고 있습니다. 그렇기 때문에 '성령 운동'이라는 말 자체가 적합하지 않을 뿐 아니라, 그 개념 아래 행해지는 운동은 많은 비판을 불러일으키고 있습니다. 성령님은 복음 안에서 우리로 그리스도를 알게 하시고, 그리스도께서 성취하신 구속의 은혜를 우리에게 적용하시는 분이십니다.

보혜사 곧 아버지께서 내 이름으로 보내실 성령
그가 너희에게 모든 것을 가르치고
내가 너희에게 말한 모든 것을 생각나게 하리라
_ 요한복음 14:26

우리는 성령 집회를 통해 놀라운 체험을 한 사람들의 간 증을 듣곤 합니다. 여러 교회나 집회에서 성령 운동으로 성 도들이 놀라운 성령 체험을 하고 있다 합니다. 예수님 믿기 전과 후로 삶이 나뉘듯이 성령 체험 전과 후로 삶이 나뉜다 는 말도 있습니다. 그럴 땐 우리도 '성령 체험'을 하고 싶다는 생각이 듭니다.

사실 큰 체험없이 신앙생활을 해 온 성도라면 '그러한 체 험을 나도 한번 경험해야 하지 않나' 하는 생각이 들 수 있습 니다. 그런 강한 체험을 가지신 분들의 말을 들으면 부러울 수도 있습니다.

하지만 이 질문부터 드리고 싶습니다. 성령님을 어떻게 정의하십니까? 그리고 성령님의 주된 사역은 뭐라고 생각하 십니까? 성령님은 제3위 하나님으로서 인격이십니다. 성령 님은 힘과 능력이 아닙니다. 성령님은 우선적으로 진리의 영 (요 16:13)이십니다. 성령님은 복음 안에서 그리스도를 우리 로 알게 하시고 그리스도께서 성취하신 구속의 은혜를 우리 에게 적용하시는 분이십니다. 그렇기 때문에 '성령 운동'이라 는 말 자체가 적합하지 않습니다.

어떤 측면에서 성령 운동이라는 말이 적합하지 않은지 구체적으로 보겠습니다. 사도행전에 나타난 오순절 성령 강림 사건부터 시작해서 교회사에서 성령님의 역사는 분명히 있었습니다. 그 모든 역사의 주체는 성령님이셨습니다. 하지만 오늘날 여기저기서 행해지는 소위 '성령 운동'이라는 것을 볼 때 성령님은 주체가 아니라 오히려 객체로 전락했습니다. 우리의 뜻과 열심을 통해 성령님을 마치 '부릴 수 있는 영' 정도로 여기는 것입니다. 그렇게 생각하는 것 자체가 성령님을 하나님 혹은 인격으로 여기지 않고 하나님의 능력으로 보는 것입니다.

하지만 성령 체험을 통해 신앙의 성숙한 차원에 이르고 싶은 마음에 대한 답변도 요구됩니다. 이는 성숙한 그리스도인의 삶을 위한다는 것은 소위 성령 충만한 삶을 살고 싶다는 것으로 이해할 수 있습니다. 여기서 말하는 '성령 충만' 역시도 성령님의 은사를 행하거나 열광적으로 기도한다거나 황홀경을 체험하는 것으로 생각해서는 안 됩니다. 성령 충만은 그리스도의 영이신 성령님에 의해 지배받는 상태를 말합니다. 성령 충만은 경건 생활을 통해 하나님 말씀 중심으로 살고자 힘쓰고 그 영향력이 우리 자신의 생각과 감정과 의지를 압도하는 데서 나타나는 것입니다. '오직 성령으로 충만함을 받으라'(엡 5:18)는 말도 단회적인 특별한 체험이 아니라 반복적이고 지속적인 명령입니다. 그렇기 때문에 성령 체험을 원하는 마음이 개인적인지 교회적인지를 구분해야 하는 것입니다.

여기서 성령 체험의 개인적인 것과 교회적인 것은 어떤 의미일까요? 일반화해서 말할 수는 없습니다만, 개인적 차원에 머문다면 그것은 종교적이고 신비적인 욕망과 체험을 원하는 것일 수도 있습니다. 교회적 차원은 교회를 더 온전케 하기 위해서 섬김의 도구가 되고자 하는 것입니다. 성령님을 만나고 체험하고자 하는 목적이 자신의 열정을 통해서 교회를 더 잘 섬기고 교회를 보다 성경적인 교회로 온전케 하는 목적이 아니라, 개인적인 체험 추구에 지나지 않는다면 다시 생각해 봐야 할 것입니다.

성령 운동을 앞장서서 전개하는 분들에게 나타나는 공통된 모습 한 가지를 언급하고자 합니다. 그것은 바로 '임파테이션'(impartation)입니다. 임파테이션은 안수를 통하여 성령과 은사와 능력을 '전이'시킬 수 있다는 주장입니다. 그리고 집회에 참석한 몇십 명 혹은 몇백 명에게 성령님을 전이했다는 간증을 하는데 이것이 바로 앞서 말한 성령님을 도구화하는 병폐라 할 수 있습니다. 성령님의 역사를 중요시하는 순복음(기하성여의도 총회) 교단에서도 임파테이션을 비성경적이고 신비주의 성향이라고 비판하고 있습니다. 그뿐만 아니라 감리교의 창시자였던 영국의 존 웨슬리(John Wesley, 1703~1791)도 성령 운동가들이 현상으로 말하는 몸을 극도로 떤다거나 발작하듯이 웃는 행위를 가리켜 사단의 장난이라고 비판했습니다. 하나님의 역사를 불신하게 만들고 방해하는 사단에게 농락당하는 것이라고 보았습니다.

그럼에도 불구하고 성령님을 통한 기적은 여전히 있을까요? 성령님을 통한 기적은 지금도 일어납니다. 우리는 그 기적이 진정 하나님으로부터 온 것인지 아닌지 분별해야 합니다. 사단도 기적을 일으키기 때문입니다. 한국 초대교회 당시 대부흥의 놀라운 기적이 일어났을 때를 생각해 보시기 바랍니다. 그 시작은 말씀사경회와 회개운동이었습니다. 오늘날 소위 성령 운동한다며 성령님을 도구화한 집회와 다르지 않습니까? 이것은 인간의 호기심을 자극하여 행하는 종교 행위입니다. 극단적인 신비주의 현상을 성령님의 역사로 탈바꿈한 조작 사건입니다. 우리는 이와 같은 영적인 현상들이 진정 성령님의 역사인지 아니면 미혹의 영의 장난인지 분별할 수 있어야 합니다.

성령님은 진리의 영이시고 인격적이심을 늘 잊지 마시기를 바랍니다. 그는 성경과 완전히 일치한 가운데 그의 모든 사역을 행하십니다. 그는 우리가 성경과 완전히 일치한 삶을 살 수 있도록 우리를 가르치시고 깨닫게 하십니다. 성령님께서도 겸손히 오직 계시된 말씀 안에서 역사하시는데, 하물며 우리가 내주하시는 성령님을 통해 말씀 밖에서 새로운 역사를 창조해 나간다는 것은 말이 되지 않습니다. 우리 역시도 성령님의 겸손을 배워 오직 하나님의 뜻만이 드러나는 삶을 살아야 할 것입니다. 진리의 영이신 성령님께서 우리를 하나님의 뜻대로 사는 인생으로 인도하심을 바라시기를 바랍니다. 그 힘에 압도당하여 의를 향하여 더욱더 변화되길 소망합니다. 샬롬!

나눔을 위한 질문

당신에게 성령님은 어떠한 분이십니까?
당신은 성령 충만하십니까?

천국을 갔다 올 수 있습니까?

천국은 갔다 오는 곳이 아닙니다. 우리는 죽어서 천국에 가게 되고, 그 전에 예수님께서 재림하신다면 이 땅에서 천국을 누리게 될 것입니다. 입신하여 천국에 갔다 오는 간증은 극단적 신비주의의 한 형태입니다. 체험이나 현상을 성경보다 우선시하면 성경이 말하고 있는 진리와 멀어질 수 있습니다. 진리의 영이신 성령님께서는 성경과 완전히 일치한 가운데 우리를 가르치시고 깨닫게 하십니다.

그들이 이제는 더 나은 본향을 사모하니
곧 하늘에 있는 것이라
_ 히브리서 11:16

알고리즘을 통해 추천되는 영상들 가운데 집회 녹화 영상을 볼 때가 있습니다. 그런 영상 중에는 강사 목사님께서 사람들 머리에 손을 대면 사람들이 기절하듯이 뒤로 넘어지고, 어떤 사람은 발작을 일으키듯이 몸을 떠는 것을 보기도 합니다. 우리는 멀쩡하게 보이는 분들이 안수받고자 줄을 길게 늘어선 것을 보면서 신기하게 보일 뿐 아니라, 솔직히 '정말 저런 일들이 일어날까' 긴가민가해 합니다.

가만히 서 있는 사람의 이마를 밀면 다리를 움직이지 않는 이상 뒤로 넘어지는 것은 당연한 것입니다. 그런데 왜 손을 머리에 갖다 대면 뒤로 넘어지는 의식을 할까요? 손을 대는 행위를 통해 '안식의 상태'가 된다는 것이 핵심입니다. 그것을 경험하고자 하는 것입니다. 소위 '성령 운동'하는 사람들은 하나님의 종이 머리에 손을 대면 성령님의 강력한 역사가 일어나고 그로 말미암아 순간적으로 안식의 상태가 되어 쓰러진다는 것입니다.

성경에서 성령님의 역사를 통해 쓰러지는 사건이 있었을까요? 그리고 그 쓰러짐을 안식이라고 말하는 구절이 있을까요? 이들은 사도 바울을 언급하면서 하나님의 강력한 임재 앞에서 꼬꾸라짐 현상(행 9:3~4)을 말하곤 합니다. 하지만 그건 전혀 다른 사건입니다. 바울이 다메섹 도상에서 꼬꾸라진 사건은 두려움에 엎드리며 예수님을 만난 사건이지, 성령님의 역사로 순간적인 안식에 들어가 쓰러진 사건이 아니기 때문입니다. 심지어 꼬꾸라짐 현상은 힌두교에도 있습니다.

사실 그와 같은 집회의 하이라이트는 천국 경험에 대한 간증입니다. 간증자들은 입신하여 천국을 갔다 왔다고 합니다. 입신이 정확히 무엇일까요? 소위 '입신'(入神)을 '접신'(接神)과 혼동하는 경우가 있습니다. 접신은 무속 신앙에서 말하는 것처럼 신이 사람 몸속에 들어 온 상태라면, 입신은 사람의 영혼이 몸을 떠나 신과 하나가 되는 상태라고 합니다. 그들의 주장에 따르면 영혼이 몸을 떠나서 무언가를 보게 되면 입신, 영혼이 몸 안에 있는 가운데 무언가를 보게 되면 환상이라는 것입니다. 핵심은 바로 영혼이 몸을 떠나는 것입니다. 입신을 주장하는 사람들의 말을 자세히 들어보면 그들은 몸과 영혼이 분리되어 특별한 체험을 하고서 다시 몸으로 돌아오는데 그중에서 가장 강력한 경험이 바로 성령님의 인도하에 영혼이 천국에 들어가는 경험입니다.

천국 체험을 간증하는 사람 중에는 자신이 천국을 보고 온 바울과 요한과 같은 경험을 했다고 합니다. 그들은 마음만 먹으면 하루에도 몇 번씩 천국에 가서 예수님과 성도들을 보고 온다고 합니다. 과연 그러할까요? 개인적 체험의 영역이니 무조건 개인의 체험과 주장을 받아들여야 할까요? 거기에 미혹되면 안 됩니다.

성경에서 죽지 않고 천국을 간 사람은 딱 두 명이 있습니다. 에녹(창 5:24)과 엘리야(왕하 2:11)입니다. 그런데 이 두 사람이 천국에 갔다가 다시 온 적이 있습니까? 없습니다. 이렇게 이야기하면 그 두 사람은 몸이 천국을 간 것이고, 입신은 바울(행 9:3~4)과 요한(계 21~22장)처럼 몸은 이 땅에 있고 영혼만 천국을 다녀오는 것이라고 합니다. 하지만 이와 같은 주장은 성경이 완성된 이후로 그 이전과 같은 계시의 방법이 중단되었음을 고백하는 『웨스트민스터 신앙고백』과 충돌합니다. 바울과 요한은 성경이 완성되기 전에 계시의 영역에서 체험하였다는 사실을 기억해야 합니다. 그렇기 때문에 이와 같은 주장은 다분히 자신을 특별한 존재로 만들 뿐인 것입니다.

천국 체험을 한 사람들은 입신을 통해 예수님과 성도들을 만나 직접 교제하면 미래에 대한 놀라운 계시들을 받을 뿐 아니라 성경에 감춰져 있는 비밀을 깨닫게 된다고 합니다. 그리고 아주 특별한 사람만 입신을 경험하고, 참 진리를 깨달아서 성경을 이해하고 가르치는 능력의 탁월함을 가진다고 주장합니다. 그래서 자신들은 교회 안에 깊숙이 뿌리 내린 인간의 전통과 교리를 타파하고 성경의 참 진리를 전파할 수 있는 깨달음과 능력을 얻었다 합니다. 여기서 우리는 그들이 신비적인 방식으로 진리를 깨닫게 되고 기존 교회를 거부하고 비판하면서 자신과 자신의 교회만이 참 진리를 깨닫는 것처럼 주장하는 것이 바로 이단들이 보이는 일반적인 모습이라 생각되곤 합니다.

그들의 영상만 볼 때는 화려한 언변에 집중되어서 새로운 계시의 내용들이 너무나도 매력적으로 들립니다. 나만 은혜의 현장에서 동떨어져 있는 건 아닌지 내가 속한 교회는 그들이 비판하는 옛 진리에 우둔해진 교회는 아닌지 하는 의구심이 들 수도 있습니다. 하지만 전혀 그렇지 않습니다. 입신은 성경적이지 않습니다. 오히려 신비주의와 더 많은 공통점이 있고 극단적 신비주의의 한 형태라는 사실이 이미 여러 교단들을 통해서 비판되어 왔습니다. 생각해 보십시오. 사람이 실신한 상태가 되는데, 그것이 성령 충만과 임재의 상태로 보는 것이 도저히 상식적으로 이해가 안 되지 않습니까? 다시 말씀드리지만, 이와 같은 주장은 타종교와 무속신앙 그리고 이단과 사이비 단체에서 하는 주장입니다. 체험이나 현상을 성경보다 우선시하면 성경이 말하고 있는 진리와 멀어질 수 있습니다. 진리의 영이신 성령님께서는 성경과 완전히 일치한 가운데 우리를 가르치시고 깨닫게 하십니다. 우리의 몸과 영혼이 분리되는 것은 죽음 이외에는 없습니다. 우리는 죽어 천국에 가게 되고 그 전에 예수님께서 재림하신다면 이 땅에서 천국을 누리게 될 것입니다. 그 외에 다른 것은 없음을 믿으시기를 바랍니다. 샬롬!

나눔을 위한 질문

당신은 천국 혹은 지옥을 갔다 왔다는 사람의 간증을
어떻게 생각하십니까?
당신은 체험에 근거한 간증의 위험성은 무엇이라 생각하십니까?

'주일성수'와 '3교대 근무' 어떻게 해야 합니까?

주일은 우리의 일상적인 일을 멈추고 하나님께 예배함으로 하나님의 창조와 구속을 기념하는 날이 되어야 합니다. 오직 은혜로 구원받듯이, 오직 은혜로 하나님의 창조와 구속을 바라보기 위해 거룩히 기념하는 것입니다. 주일에 일을 안 하는 것이 절대적으로 중요한 것이 아니라, 그리스도 안에서 죄와 비참에서 해방되어 구원의 유익을 얻게 됨을 기억하느냐 안 하느냐가 중요한 것입니다.

또 이르시되 안식일이 사람을 위하여 있는 것이요
사람이 안식일을 위하여 있는 것이 아니니
_ 마가복음 2:27

성도들 가운데 3교대 특수 직업에 지원하면서 주일 예배 문제로 고민하는 사람들이 있습니다. 주일 예배를 온전히 못 드리게 되어 신앙생활에 문제가 될까 하는 고민입니다. 한두 번 빠지다 보면 교회로부터 점점 멀어질 것이 뻔하다는 걱정과 염려에 부딪히게 되는 문제입니다.

우리는 주일성수해야 합니다. 성경은 창조 이후로부터 안식일 성수 개념(창 2:1~3)을 강조하고 있습니다. 하지만 동시에 안식일을 율법주의적으로 실천하고 위선적으로 범하는 일을 경고하고 있습니다. 바로 그것에 대해 예수님께서 질타하시며 하신 말씀이 "안식일이 사람을 위하여 있는 것이요 사람이 안식일을 위하여 있는 것이 아니니"(막 2:27)입니다. 그렇다면 하나님의 계명이 분명하게 '쉬어라', '일 하지 마라'(출 20:8~11; 신 5:12~15)고 하는 것은 어떻게 이해해야 할까요? 지금 이 말씀에 근거해서 고민하시는 것은 '아무 일도 하지 말라'를 어떻게 이해할 것인가에 달렸습니다.

실제 교회 내에는 3교대 근무자들이 참 많습니다. 경찰, 소방관, 한전 직원, 대중교통 기사, 응급실 의사와 간호사 등 정말 많습니다. 솔직히 그 사람들 때문에 우리는 예배를 편안히 드릴 수 있습니다. 우리는 누군가의 수고를 통해 예배 드리는 것을 인정합니다. 동시에 안식일 성수 개념은 창조 원리로 우리에게 주어진 창조 규례임을 인정합니다. 이 명령은 하나님께서 모든 이들에게 주신 규례입니다. 그때부터 누구든지 아무 일도 하지 말라고 했는데 아이러니하게도 우리의 예배가 아무런 어려움 없이 진행되기 위해서 누군가가 일을 하고 있습니다.

먼저 이 질문부터 해 보겠습니다. 특별히 주일에 교회 내에서 가장 노동을 많이 하는 사람은 누구일까요? 목회자들입니다. 구약의 제사장들이 안식일 제사 일로 분주하였던 것처럼 목회자들이 주일에 제일 많은 일을 합니다. 예수님께서도 적극적으로 일하셨습니다. 안식일에 손 마른 자를 고치시며 안식일을 거룩하게 지키셨습니다(막 3:1~5). 예수님께서도 일을 하지 않는 개념이 아니라 영혼을 살리는 개념으로 이해하신 것입니다. 그렇기 때문에 일을 하냐 안 하냐가 아니라, 누구를 위한 일을 하냐 무엇을 위한 일을 하냐가 중요한 것입니다.

우리는 주일예배가 있고 일주일이 있다고 배우고 자랐습니다. 안식일을 창조 규례로 보고 주일의 '특별함'을 인정해야 한다는 해석과 전통이 우리에게 익숙한 개념입니다. 반면에 미신화된 율법주의적 안식일주의는 피해야 한다는 주장도 있습니다. 종교개혁자 존 칼빈(John Calvin, 1509~1564)

역시도 '주일'을 포함하여 그 어떤 '날'이든 그것의 특별한 '신성함'을 인정하지 않았습니다(『기독교강요』 II:8:31). 안식일은 단지 교회의 질서와 교인들의 실제적 필요를 위한 교회의 제도라는 사실을 강조하는 것입니다.

불과 2~30년 전만 하더라도 성도들은 주일을 '특별한 날'로 배우고 훈련 받았습니다. 학생들은 주일에 공부하면 죽는 줄 알고 토요일 12시까지만 공부했습니다. 시내 놀러 나갔다고 선배들한테 혼나기도 했습니다. 주일에 TV도 보지 않았고 돈도 안 썼습니다. 주일은 '하면 안 되는 게 너무나도 많은 날'이었고 그게 당연한 것으로 여겨졌습니다.

지금은 어떻습니까? 주일에 정말로 돈을 쓰지 않습니까? 주일에 전도회는 떡 배달시키고 주일학교는 피자 배달시키지 않습니까? 주일에 연속극도 보고 야외로 놀러 다니지 않으십니까? 우리는 스스로 조심스럽게 물어야 합니다. '과연 언제부터 우리가 변했을까?' 성경은 변함없는데 왜 우리의 주일성수 풍경은 이렇게 많이 변했을까요? 성경은 변함없는데 왜 지금은 변화된 모습들을 치리하지 않을까요? 교회가 이전보다 더 타락해서 그렇습니까? 아니면 율법에서 복음으로 가르침이 수정되고 있기 때문입니까? 우리의 대답은 둘 다일 수 있습니다. 보다 정확하게 말하면, 안식일 '주의'에서

'정신'으로 변해가는 과정입니다.

그럼에도 불구하고 우리는 말씀대로 주일은 거룩하게 지켜야 한다고 생각합니다. 하나님의 명령이기 때문입니다. 하지만 주일을 거룩하게 지킨다는 것을 '뭐 하면 안 된다'의 관점으로 접근하면 안 됩니다. 오히려 '어떻게 하면 더 예배를 잘 드릴 수 있을까'의 관점으로 접근해야 합니다. 실질적으로 주일은 우리의 일상적인 일을 멈추고 하나님께 예배함으로 하나님의 창조와 구속을 기념하는 날이 되어야 합니다. 오직 은혜로 구원받듯이, 오직 은혜로 하나님의 창조와 구속을 바라보기 위해 거룩히 기념하는 것입니다. 바로 그 정신을 실현하기 위해 일을 멈추는 것입니다. 일을 멈추는 이유는 하나님께 예배하기 위해서입니다.

반대의 경우를 생각해 보겠습니다. 몸은 교회에 와 있지만 생각은 다른 것으로 가득하거나 심지어 교회 내부적인 일로 예배의 자리를 지키지 못한다면 진정한 주일 성수를 했다고 할 수 있습니까? 이러한 관점에서 구원의 기쁨과 감격으로 예배자로서 주일을 지키지 않는 사람은 온전한 의미에서 주일을 성수하지 못했다 할 수 있습니다. 2세기 중엽에 순교자 저스틴(Justine Martyr, 100~165)은 "진정한 안식일 준수는 죄에서 돌아섬으로 성립되는 영원한 안식을 지키는 것이다"고 단언하였습니다. 주일에 일을 안 하는 것이 절대적으로 중요한 것이 아니라, 그리스도 안에서 죄와 비참에서 해방되어 구원의 유익을 얻게 됨을 기억하느냐 안 하느냐가 중요한 것입니다.

우리는 모든 것이 하나님의 것이듯이 모든 날이 주님의 날임을 기억해야 합니다. 육 일 동안 엉망으로 살다가 주일에 하나님께서 기뻐하시는 예배가 가능할까요? 주일에 교회에 함께 모여 예배하는 일도 정말로 중요하지만 그보다 더 중요한 것은 그 모든 날을 하나님 앞에서 사는 것입니다. 어떠한 직장에 가든지 간에, 하나님 앞에서 그 창조와 구원의 기쁨에 감사하는 그리스도인의 정체성을 드러내는 것이 더 중요한 것입니다. 하나님께서 허락하신 직업 가운데서 하나님의 주권을 드러내며 오히려 영광 돌리며 살기를 소망합니다. 샬롬!

나눔을 위한 질문

당신에게 주일은 어떤 날입니까?
**당신이 직장이나 개인적인 일로 주일 공예배를 드리지 못했을 때의
마음은 어떠했습니까?**

자기 교회로 오라는데
어떻게 합니까?

개 교회 이기주의에 따른 권면은 지양해야 할 요소입니다. 그렇다 할지라도 교회를 옮기는 문제는 순전히 자신의 선택과 결정입니다. 본인이 오랜 고민과 기도 뒤 옮기기로 결정을 내렸다면, 목사님 혹은 당회와의 충분한 면담을 거친 뒤 '이명증'을 받아 교회를 옮길 수 있습니다. 교회를 옮기는 일은 신중히 해야 하며 축복 가운데 옮겨야 합니다.

또 내가 네게 이르노니 너는 베드로라 내가 이 반석 위에
내 교회를 세우리니 음부의 권세가 이기지 못하리라
_ 마태복음 16:18

우리는 종종 지인들을 통해 자기 교회로 옮기라는 말을 듣곤 합니다. 처음에는 친분 상 그냥 한 번 하는 말로 가볍게 웃어넘길 수 있지만, 이후로도 반복해서 듣게 된다면 만남과 교제가 불편하게 될 것입니다. 자신이 만족하는 교회에서 함께 교회 생활하면 좋을 것이라는 생각에 근거한 권면일 것입니다. 이와 같은 권면은 교회 생활과 봉사 혹은 영적 갈증으로 인한 신앙과 교회 생활에 대한 개인적인 고민과 갈등에 대한 접근이라고도 볼 수 있습니다.

그런데 그러지 않은 경우도 있습니다. 규모가 작지 않은 교회임에도 작은 교회를 신실하게 섬기는 사람을 자기 교회로 오라고 하는 경우입니다. 사실 작은 교회의 경우는 한 사람 한 사람이 차지하는 비중이 굉장히 크기 때문에 그와 같은 권면을 쉽사리 해서는 안 될 것입니다. 요즘 몇몇 대형교회들을 위시해서 적지 않은 교회들이 기성교회의 성도들을 등록 교인으로 받지 않고 오직 처음 신앙생활을 하시는 분만 받고 있는데, 그와 반대로 개교회 이기주의에 빠져 수평적 교회 이동을 권하는 것은 참으로 안타깝습니다. 교인 수 감소로 인해 모든 교회가 힘겨운 시기에 그랬다는 것 자체가 충격입니다.

교회를 선택하고 그곳에서 신앙생활을 하는 것은 그 사

람 개인의 결정입니다. 설령 오라고 해서 옮긴다면 그 사람
이 여러 가지로 고민하고 판단해서 옮기는 것입니다. 반대로
오라고 해도 안 옮기고 자신이 출석하는 교회를 계속해서
섬기는 사람 역시도 자신의 판단과 결정입니다. 2시간 거리
로 이사를 가더라도 자신이 교회를 옮길 마음이 없으면 그
교회에 출석하는 것이고, 거리가 부담되면 옮기는 것입니다.

  순전히 자신의 선택과 결정입니다. 하지만 잘 다니고 있
는 사람을 자기 교회로 오라고 말을 하고, 또 그 말을 듣고
교회를 옮기게 된다면 결국에 교회 간 갈등으로 번질 우려
가 있습니다. 그것보다 더 큰 문제는 소리소문없이 교회를
옮김으로 인한 갈등입니다. 자신이 기도하고 고민한 뒤 옮기
기로 결정을 내렸다면, 현재 속한 교회에 '이명증'을 요청하
면 되는 것입니다. 여차여차한 이유로 다른 교회로 가겠다
는 의사를 밝히고, 목사님 혹은 당회와 면담을 거친 뒤 이명
증을 받아 교회를 옮기면 됩니다.

  '이명증'이 무엇인지 아십니까? 이명증은 이사하면 우리
집이 속한 행정복지센터에 가서 주소지와 함께 주민으로 등
록하듯이 교회를 옮길 때도 내가 속한 등록 교회를 서류상
으로 옮기는 것입니다. 이명증에는 어떤 내용들이 기재될까
요? 신청한 사람의 이름, 인적 사항 그리고 가는 교회의 이

름과 주소입니다. 그 이명증을 들고서 등록할 교회에 제출하면, 그 교회는 이명증을 확인한 뒤 등록 교인으로 받는 것입니다.

하지만 안타깝게도 수십 년간 교회 생활을 했다 하더라도 대부분의 사람들이 이명증이라는 말을 생소하게 느낍니다. 대부분의 교회가 등록카드를 작성하고 4~8주 정도 새가족 교육을 통해 등록교인으로 받기 때문입니다. 이유는 간단합니다. 이명증을 가져오지 않기 때문입니다. 이명증이 없으니 그 사람이 누구인지에 대한 공식적인 정보가 없는 것입니다. 오로지 그 사람의 말에 의존할 수밖에 없는 것입니다. 더더욱 요즘은 어떻습니까? 개인정보 운운하며 자기 이름 외에는 아무것도 적지 않는 분들이 많습니다. 그렇기 때문에 그 사람의 신앙이 어떠한지 이전 교회는 어디인지 교회 생활에 문제는 없었는지 신천지와 같은 이단은 아닌지 등을 새가족 교육과 면담을 통해서 확인하는 것입니다. 그것도 아주 최소한의 내용에 지나지 않습니다. 그뿐 아니라 이명증을 받아 공식적으로 교회를 이동한 것이 아니기 때문에 이후 떠난 교회와의 만남이 매우 부담스럽고 불편한 게 현실입니다.

이명증만 제출하면 모든 것이 간편해집니다. 이명증을 받은 교회에서 전화 한 통이면 그 사람에 대해 정확히 확인할 수 있는 사항입니다. 매우 건강한 교회 이동 방법이 바로 이명증 교부입니다. 한 장립 집사님 가정은 미자립교회를 돕고자 하는 목적으로 교회를 옮기셨는데 교회에서 이명증을 작성해 줄 뿐 아니라 파송식도 해 주고 그 미자립교회를 후원하기로 결정하기도 하였습니다. 또 다른 교회는 이사 가는 성도 가정에 이왕이면 미자립교회에 출석하여 섬길 것을 권면하였고 그 가정은 권면대로 미자립교회로 이명하였습니다. 양쪽 교회 모두 즐겁고 행복하게 성도를 보내고 받을 수 있는 것입니다. 얼마나 보기 좋습니까.

우리는 '이명증'을 통해 현재 자신이 출석하는 교회를 확인하게 됩니다. 단순히 그 교회에 속했다는 것을 넘어 그 교회를 통해 몸 된 교회를 형성하며 온전케 했음을 알 수 있습니다. 그리고 출석했던 교회를 통해 자신의 신앙 정체성을 확실히 드러낼 수 있습니다. 자신이 어떠한 교회에서 신앙생활했는지가 드러나기 때문입니다.

교회가 탐심에 사로잡히다 보면 '내 교회 이기주의'에 빠지게 되는 것입니다. '오는 성도는 안 막고 가는 성도는 붙잡는다'가 아니라 오고 가는 모든 성도들을 제대로 관리하는 것이 필요합니다. 우리가 '이명증' 제도를 철저히 지켜 행할 때 교회 간의 성도 이동으로 인한 갈등은 사라지고 축복 가운데 보내고 받을 수 있을 것입니다. 다양한 이유로 이명증을 교부하게 되더라도, 목양적 돌봄이 계속해서 이루어질 수 있는 것입니다. 이 작은 실천을 통해서 교회는 더 건강해지리라 생각됩니다. 샬롬!

나눔을 위한 질문

당신은 이명증 없이 등록한 성도들을 어떻게 대하고 있습니까?
당신은 어떤 이유로 교회를 옮기셨나요?

교회 투어족을
어떻게 생각하십니까?

교회 투어족은 우리가 예배 때마다 우리의 신앙으로
고백하는 사도신경에서의 '성도의 교제'를 실천하지
못합니다. 교회는 예배 공동체인 동시에 교제 공동체
입니다. 성도로서 우리는 성령님으로 말미암아 주어
지는 모든 은덕을 참된 교제 가운데 나누며 실천하
여 교회를 온전케 하는 일에 함께해야 합니다.

우리가 보고 들은 바를 너희에게도 전함은 너희로 우리와
사귐이 있게 하려 함이니 우리의 사귐은
아버지와 그의 아들 예수 그리스도와 더불어 누림이라
_ 요한1서 1:3

새로 등록한 한 가정이 자신은 '교회 투어족'(Tour 族)이었다고 소개하였습니다. 이 말을 처음 듣는 사람들은 적잖이 놀랄 것입니다. 교회 투어족은 등록할 교회를 쉽사리 정하지 못해서 여러 개의 교회를 방문하여 예배드리는 사람들입니다. 한두 번 혹은 한두 달 가는 분들도 있고, 어떤 분은 7~8개 교회를 정해 놓고서 매주 돌아가며 예배드리는 분들도 있습니다. 코로나 이후에는 온라인으로 전국 교회를 돌아가며 예배하는 사람들이 더 증가한 것이 현실입니다. 그래서 '플로팅 크리스천(Floating Christian)'이란 신조어도 등장했습니다. 한 마디로 '붕 떠 있는 그리스도인'이라는 말입니다. 이들은 온라인으로 예배를 드리거나 일시적으로 예배에 참석하지 않으면서도 신앙생활 자체는 포기하지 않는 사람들을 말합니다.

교회들은 새가족이 예배하러 왔기 때문에 반가운 마음과 등록에 대해 기대하는 마음이 있겠지만, 교회 투어족들이 결코 적지 않습니다. 교회를 옮길 때 절차를 제대로 밟지 않았기 때문입니다. 교회를 옮길 때 뭐부터 해야겠습니까? 먼저 목사님과 의논하여 교회를 옮기는 이유를 설명하고 옮길 교회를 추천받아서 가면 되는데 그런 절차를 거치지 않으니 교회를 정할 때까지 여러 교회를 투어하는 것입니다.

만약 부정적인 이유로 교회를 떠난다면 목사님과 의논하는 게 불편할 것입니다. 그래도 서로 축복하며 헤어져야 하지 않겠습니까? 그동안 함께 신앙을 고백하고, 예배하고, 성찬을 나눴는데, 소리소문없이 교회를 떠나가고 어느 교회에 출석하는지도 모른다는 것 자체는 결코 가벼운 문제가 아닙니다. 그건 주님 안에서 한 형제요 자매 됨을 너무 경시하는 것입니다. 설령 성도 스스로가 교회를 정하더라도 홈페이지에 드러난 정보와 현장에서의 느낌으로 교회를 판단하는 것이 전부이지 않을까요? 그러다가 그 첫인상과 다르면 다시 교회 투어족이 되는 것입니다. 교회는 인터넷 카페나 개인 방송 채널처럼 가입했다가 탈퇴했다가를 맘대로 하는 곳이 아닙니다. 그건 교회를 잘못 알고 있는 것입니다.

여러 교회에서 예배드리며 신앙생활을 지속해 오다가 이제라도 정착해서 신앙생활을 하고자 하는 것은 참으로 다행입니다. 하지만 반드시 짚고 넘어가고 싶은 것이 있습니다. 그것은 바로 교회 투어족들은 우리가 예배 때마다 우리의 신앙으로 고백하는 사도신경에서의 '성도의 교제'를 실천하지 못했을 것이라는 사실입니다. 물론 그들 역시도 어느 교회에서든 간에 예배를 드렸다는 사실에 스스로 만족해할 것입니다. 하지만 예배가 교회의 전부는 아닙니다. 교회는 예배 공동체인 동시에 교제 공동체이기 때문입니다.

단순히 교육 부서나 전도회 활동 혹은 교회 봉사를 말하는 것이 아닙니다. 보다 근본적으로 우리는 머리 되신 그리스도 안에서 진정한 교제를 누립니다. 그 참된 교제 중심에 성찬이 있습니다. 은혜의 방편인 성찬이 우리에게 주는 가르침이 무엇입니까? 우리에게 과거의 십자가 사건을 기억게 하고 미래의 하늘 잔치를 기대케 하는 것입니다. 그리고 그 중간에 놓여 있는 가르침이 바로 성도 간의 교제입니다. 성령님으로 말미암아 주어지는 모든 은덕을 참된 교제 가운데 나누며 실천하는 것입니다.

어떤 교회는 성찬식이 있는 주일에 참석한 교회 투어족의 신분이 확인되지 않아서 참석을 불허하기도 합니다. 교회 투어족은 은혜의 방편 이전에 행해져야 할 어머니 교회로부터의 돌봄과 보살핌이 없기 때문입니다. 그뿐만 아니라 성도의 참된 교제는 은혜의 방편과 더불어 한 성령님 안에서 받은 각자의 은사들을 나누며 몸 된 교회로써 함께 지어져 가는 것입니다. 먼저는 성찬 안에서 교제하고 다음으로 은사 사용을 통해 교제를 실천해야 하는 것입니다. 참된 교제의 실천은 섬김에 있다고 말하는 것입니다.

말로는 내가 섬길 교회를 찾는다고 말하지만, 실상은 나를 섬기고 나에게 많은 유익을 주는 교회를 찾는 게 현실입니다. 그 대표적인 현상이 바로 대형교회 쏠림 현상입니다. 교회를 찾는 성도들이 처음에는 상가에 있는 개척교회나 미자립교회 혹은 100명 정도의 교회에 출석하다가 시간이 흐르면 수천 명이 모이는 인근 교회로 옮겨가는 것입니다. 기승전-'대형교회'라는 말이 나올 정도입니다. 예배를 위한 교회 시설이나 신앙 교육 환경은 비교 대상이 될 수 없기에, 여러 가지 이유를 언급하며 대형교회로 옮겨가는 성도들을 붙잡지 못하는 것입니다. 교회를 위한 '나'가 아닌 '나'를 위한 교회를 찾기 때문입니다.

사람들의 모임인 교회는 늘 불완전하고 부족함이 있습니다. 그렇기 때문에 성도의 참된 교제 안에서 서로 협력하여 온전케 되는 일에 힘써야 하는 것입니다. 나의 필요를 채워 줄 교회를 찾는 것보다 교회의 필요를 하나님께 받은 은사로 섬길 수 있는 교회를 찾는다면 얼마나 좋을까요? 부족한 부분을 채우면서 온전케 하는 것입니다. 그것이 교회입니다.

실제 새가족 등록 카드를 작성해도 교회에 정식 교인으로 등록되기까지 우리는 지켜보며 잘 지도하고 인도해야 합니다. 혹여나 그분의 신앙적 색깔이 어떠한지 본 교회와 맞는지 분란과 다툼을 일으킬 여지는 없는지도 봐야 할 것입니다. 동시에 교회는 그 가정이 교회에 잘 적응해서 참된 교제를 실천할 수 있도록 지도하고 권면해야 할 것입니다. 앞서 말했듯이 교회를 옮겨야 하는 상황에 놓인 사람들이 목사님으로부터 옮길 교회를 추천받고 이명 증서를 받아 바로 등록하는 일이 보다 철저하게 이루어진다면, 이렇게 교회 투어족이 많이 생기지는 않을 것입니다. 여러 가지 이유로 교회 투어족을 많이 만들어 내는 것 같아 안타까울 따름입니다. 샬롬!

나눔을 위한 질문

당신이 생각하는 가고 싶은 교회는 어떤 모습입니까?
당신은 '성도의 교제'를 위해 어떤 노력을 하고 계십니까?

가정예배란
무엇입니까?

가정예배는 주일예배와 동일한 예배 개념은 아닙니다. '기도회' 혹은 '경건회'입니다. 언약의 가정이 집에서 하나님의 말씀을 함께 읽고, 함께 나누고, 함께 기도하는 것입니다. 이 나눔 자체로 인해 신앙 안에서 화목한 가정을 이루고, 자녀들은 신앙 성장을 이루게 될 것입니다.

**그가 경건하여 온 집안과 더불어 하나님을 경외하며
백성을 많이 구제하고 하나님께 항상 기도하더니
_ 사도행전 10:2**

코로나 시대를 거치면서 '가정예배'를 드리는 사람들이 늘어가고 있습니다. 가정예배란 무엇일까요? 온 가족이 함께 모이는 '기도회' 혹은 '경건회'를 말합니다. 하지만 가정예배는 주일예배와 동일한 예배 개념은 아닙니다. '기도회' 혹은 '경건회'입니다. 우리에게 '가정예배'라는 용어가 너무 익숙해서 큰 구분 없이 사용하고 있지만, 엄밀히 말하면 '가정 기도회' 혹은 '가정 경건회'라 불러야 옳습니다. 기독교대학이나 미션스쿨에서 목사님이 모든 순서를 인도하고 설교하고 복을 선포한다고 하더라도 우리가 그것을 어떻게 부릅니까? '예배'라 하지 않고 '경건회'라 부르는 것과 같은 개념입니다.

　　그런데 아무리 장소가 교회 건물이 아니라 하더라도 목사님께서 설교와 강복선언(혹은 축도)까지 하시면 '예배'라 불러도 무방하지 않을까요? 아닙니다. 교회의 공식적인 예배는 당회의 주관하에 이루어집니다. 주일학교 예배를 목사가 아닌 전도사가 인도하고 강복선언 없이 주기도로 마친다고 하더라도 우리는 그것을 예배라 부릅니다. 왜냐하면 당회가 그 모임을 예배로 승인하였기 때문입니다. 그런데 그렇게 교회 치리회인 당회로부터 승인받지 못한 모임은 예배가 아니라 기도회라 일컫는 것입니다.

　　그러면 대면 예배 대안으로 말해지는 가정예배는 어떻게

이해해야 할까요? 코로나19 시대와 같은 상황 속에서의 가정예배는 당회가 주일예배의 대안으로 임시로 승인한 예배입니다. 대면 예배를 드릴 수 없는 상황에 놓인 성도나 가정이 있기 때문입니다. 이 가정예배는 온라인 예배와 같이 대면 예배를 대체한 예배 형식 중 하나로 이해해야 합니다. 그렇기 때문에 자유롭게 하는 것이 아니라 교회에서 작성한 예배 인도문으로 통일된 예배를 드리게 됩니다. 비록 각 가정에서 가족 중 한 사람의 인도하에 진행한다고 하더라도 장소가 다를 뿐 그것은 예배입니다.

그에 반해서 아무리 유사한 순서라 할지라도 사도신경을 고백하고 주기도로 마친다고 할지라도 각 가정에서 주중에 사적으로 드리는 모임은 앞서 말씀드린 바와 같이 '기도회'입니다. '예배'라는 용어가 익숙해서 그렇지 엄밀히 말하면 '기도회'입니다.

그러면 당회가 주일예배 대체로 가정예배를 말하지도 않는데 예배당에 나와서 현장 대면 예배도 안 드리고 가정에서 온라인으로 비대면 예배도 안 드리고 가정에서 자기들끼리 약식으로 주일예배를 드리는 건 어떻게 이해해야 할까요? 그렇게라도 예배를 드리는 것에 대해 뭐라 할 수 없는 것 아닐까요? 그런 부분이 문제가 됩니다. 코로나19와 같이 질병과 재난 상황 속에서 한시적으로 허용한 부분을 일반화하면 안 됩니다. 그리고 임의로 주일예배를 대신하여 가정예배를 드린다는 것은 교단 신학교에서 정식 교육을 받지 않은 교인이 하나님의 말씀을 지속적으로 선포하는 것이고, 예배 가운데 선포되는 하나님의 복 받기를 거부하는 것입니다. 그리고 당회가 승인하지 않은 예배를 지속한다는 것은 교회의 질서에 반하는 행동입니다.

코로나19 팬데믹 이후에 대부분의 교회들이 온라인 예배를 적극 도입하여 현재 역동적으로 운영하고 있지만, 분명한 사실은 온라인 예배는 '불가피한 상황'에 따른 '대체 수단'에 불과하다는 사실입니다. 포스트 코로나 시대에 온라인 교회와 온라인 예배가 대세가 될 것이라는 말은 교회와 신앙의 본질을 오해한 데서 나오는 말입니다. 현장 대면 예배가 기본이고 온라인 비대면 예배는 불가피한 상황 가운데 보조적 수단에 지나지 않습니다. 공예배의 중요성은 아무리 강조해도 지나치지 않습니다.

교회 내부에서 온라인 예배를 기본으로 하자는 의견들은 어떻게 받아들여야 할까요? 그건 예배가 정확히 무엇인지 이해하지 못하는 사람들의 말입니다. 예배를 단순히 설교를 통한 교훈 듣는 것으로만 생각하며 편리성에 강조점을 두는 것입니다. 만약 그런 개념이라면 아이들이 학교는 왜 갈까요? 동영상 강의로 지식과 정보 습득이 충분히 가능하지 않습니까? 박물관, 미술관, 역사 유적지와 같은 곳은 왜 데려갑니까? 집에서 컴퓨터나 핸드폰 화면으로 봐도 문제 없지 않습니까? 남녀 간에 데이트는 어떻습니까? 영상으로 데이트하며 사랑의 감정을 고스란히 전달하면 안 될까요? 안 됩니다. 왜냐하면 이 모든 것이 사람들과의 만남과 공간이 주는 의미가 있기 때문입니다. 현장 예배를 통해 우리는 하나님과의 사귐을 누리고 성도 간의 사귐을 누리는 것입니다. 현장 예배를 통해 은혜의 방편이 성경대로 실질적으로 이루어지는 것입니다. 머리 되신 그리스도와 연합한 몸 된 교회로써의 공동체적 연대성을 이루는 것입니다. 그렇기 때문에 본질적으로 현장 예배는 대체 불가능한 것입니다.

하나님은 어디나 계신다면서 왜 굳이 교회에 가서 예배 드리냐는 질문에는 어떻게 답할 수 있을까요? 하나님은 편재하십니다. 예수님께서 예배 장소보다는 예배 자세를 강조하셨지 않느냐고 말하는 사람도 있습니다. 맞습니다. 영과 진리로 드리라(요 4:24) 하셨습니다. 그렇다고 해서 예수님께서 장소와 모이는 행위 자체를 부정한 것이 결코 아니지 않습니까? 한 곳에 함께 모이는 자들의 마음 자세를 강조하시는 것입니다. 예수님께서도 홀로 예배하지 않으셨습니다. 비가시적 교회는 항상 가시적 교회인 지역 교회에 기반해야 하는 것입니다.

예배의 기본 바탕은 현장성과 관계성에 있습니다. 예배는 언약 관계 속에 있는 성도들이 하나님의 위대하심을 함께 인식하는 일입니다. 하나님의 놀라운 은혜에 복종하는 자들이 찬송과 감사로 행하는 봉사입니다. 예배는 함께 모여 삼위 하나님과 성도들과의 만남과 교제를 나누는 것입니다. 예배를 통해 하나님께서는 그의 백성인 교회에게 약속하시고 복을 베푸시며, 교회는 그 약속에 반응하며 복을 받아 누리는 것입니다. 하나님께서 말씀하시고 우리가 그에게 반응하는 언약적 행위가 바로 예배입니다. 현장 예배 불필요성과 온라인 예배 충분론을 말하는 사람들은 성경이 말하고 있는 교회 본래의 모습을 굳이 외면하려고 하는 것입니다.

다시 원래 질문으로 돌아와서 많은 사람이 가정의 회복과 신앙교육을 위해서 가정기도회를 권면하는데 가정기도회는 어떻게 하는 것입니까? 생각보다 어렵지 않습니다. 말씀, 기도 그리고 찬송만 있으면 됩니다. 그저 하나님 앞에서 하나님 말씀을 함께 읽고 나누는 것입니다. 그것이 가정기도회의 핵심입니다. 먼저 일주일에 한 번씩 정해진 시간에 시도해 보시기 바랍니다. 네덜란드 개혁교회 성도들은 온 가족이 함께 모이는 저녁 식사 후에 성경을 읽고 시편 찬송을 부르고 감사기도로 마치곤 합니다. 길지 않습니다. 육의 양식을 먹었으니 영의 양식을 먹는 개념으로 식사했던 그 자리에서 편안하고 따뜻한 분위기로 말씀을 읽고 이야기를 나누는 것입니다. 절대로 설교하는 것이 아닙니다. 많은 가정에서 가정예배를 부모의 설교 듣는 시간 혹은 말씀으로 잔소리 듣는 시간이라는 부정적인 인상을 가지는데 결코 그렇지 않습니다. 강조하여 말씀드리지만, 하나님의 말씀을 함께 읽고 나누는 것입니다. 자녀들이 말씀에 대해 질문하면 부모가 대답하며 삶으로 적용할 수 있도록 가르치는 시간입니다. 설교는 주일예배 때 듣고, 적용과 나눔은 주중 가정기도회 때 하는 것입니다.

가정기도회를 통해 가정은 언약 공동체로써 주의 말씀을 함께 읽고, 함께 나누고, 함께 기도하는 것입니다. 부모와 자녀들은 그들이 말씀 안에서 어떻게 살아왔는지, 그들의 현재 기도 제목이 무엇인지 알게 될 것입니다. 또한 그 삶이 자신들이 곁에서 바라보는 바와 상이함을 통해 서로를 더욱 이해할 수 있는 시간이 될 것입니다. 함께 기도함으로 기도 응답의 역사가 어떻게 이루어지는지를 온 가족이 함께 지켜볼 수 있을 것입니다. 가정 경건회를 통해 서로의 기도 제목을 아는 가정이 되는 것입니다. 이와 같은 나눔 자체로 인해 신앙 안에서 화목한 가정을 이루고 자녀들은 신앙 성장을 이루게 될 것입니다. 어렵게 생각하지 마시고 설교는 주일예배를 통해 적용과 나눔은 가정기도회를 통해 실천하시기를 바랍니다. 샬롬!

나눔을 위한 질문

당신에게 예배는 무엇입니까?
당신은 가정예배를 통해 가족과 함께 기도하고 있습니까?

큐티
어떻게 합니까?

큐티는 말씀과 기도를 위한 시간을 뜻하는 "경건의 시간"(Quiet Time)입니다. 큐티하는 법은 먼저 묵상한 말씀을 통하여 하나님께서 말씀하시고자 하는 바를 정확히 이해하고, 다음으로 그 본문이 담고 있는 바로 그 메시지를 바탕으로 구체적으로 적용하는 것입니다.

오직 여호와의 율법을 즐거워하여
그의 율법을 주야로 묵상하는도다
_ 시편 1:2

성도들은 경건 생활의 실천으로 성경 읽기를 대표적으로 합니다. 그리고 그냥 읽는 것에 그치지 않고 말씀을 묵상하는 큐티(Q.T.)를 시작하곤 합니다. 적지 않은 성도들이 주일 설교를 말씀의 전부인 양 여기며 살곤 합니다. 건강을 위해서 영양제는 꼬박꼬박 챙겨 먹으면서 내 영혼의 보약인 성경은 아주 가끔 펼쳐보는 것입니다. '성경 읽어야지' 하는 생각은 있지만 실천이 많이 약한 것이 현실입니다. 성도들이 말로는 '성경이 구원에 이르는 유일한 길이다', '성경은 하나님께 영광 돌리는 지침서다'고 하면서도 정작 성경 읽기를 등한시하는데, 큐티를 시작하는 것은 참으로 바람직해 보입니다.

큐티를 통해 말씀의 풍성한 향연에 풍덩 빠지게 될 것이지만 큐티 하면서 어려움이 있습니다. 큐티를 할 때 설교로 많이 들었던 본문은 정말로 재밌습니다. 속으로 '맞아! 그렇지! 이 말씀은 이 뜻이지' 하면서 재미있게 읽고 삶으로 적용하지만, 잘 모르는 본문들은 도통 감이 잡히지 않습니다. 솔직히 성경도 잘 아는 내용 위주로 읽고, 나머지 본문들은 읽지도 않고 그냥 통째로 넘겨 버린 뒤 요한계시록 마지막 장을 읽으면서 '일독했다' 생각하며 자기 위안을 삼는 성도도 있습니다. 그런데 큐티는 내 맘대로 본문을 뛰어넘을 수 없으니 정말로 쉽지 않습니다.

큐티를 어떻게 해야 할까요? 대부분의 사람들이 큐티 가이드대로 합니다. 큐티 준비, 정독, 묵상, 적용, 기도 이 순서로 합니다. 먼저 본문 말씀을 2~3회 읽습니다. 그리고 마음에 특별히 와 닿는 말씀에 밑줄을 긋고 그 말씀 혹은 단어를 오늘 하나님께서 내게 주신 말씀이라 생각하며 묵상합니다. 그런 뒤 적용할 점은 무엇인지 구체적으로 고민하고 결단하며 기도로 마무리합니다. 문제는 본문 이해가 잘 안 되니 묵상을 어떻게 해야 할지 모르겠고 적용도 너무 피상적이라는 데 있습니다. 그 적용이 그 적용에 이르게 됩니다. 바로 그런 측면에서 큐티가 결코 쉬운 것이 아닙니다.

큐티가 '경건 훈련 운동'이었다는 사실을 아십니까? 19세기 말 영국 캠브리지 대학 학생들은 자신들의 세속화 된 마음을 말씀과 기도로 변화시키고자 했습니다. 그 말씀과 기도를 위한 시간을 "경건의 시간"(Quiet Time) 즉 '큐티'(Q.T.)라고 부르기 시작한 것입니다. 심지어 "경건의 시간을 기억하자!"라는 슬로건까지 외쳤다고 합니다. 단순히 말씀을 묵상하여 아는 수준이 아니었습니다. 경건 훈련 운동이었습니다.

큐티는 간단한 말씀 묵상 정도가 아닙니다. 마음에 와닿는 단어나 구절을 오늘 나에게 주신 하나님의 말씀으로 생각하는 정도가 아닙니다. 적지 않은 분들이 본문이 놓여 있는 문맥과 전혀 상관없이 자기에게 인상적인 단어의 의미만 묵상하곤 합니다. 그렇게 교훈을 얻는 데 그치는 큐티를 하면서도 경건 생활을 하고 있다고 만족하는 것입니다. 그렇기 때문에 큐티를 하면서도 '내가 이렇게 이해하고 실천하는 게 맞나?' 하는 의구심이 생깁니다. 때로는 특별한 무언가를 발견한 것 같아 흥분된 마음으로 받은 감동을 적은 뒤 해설을 볼 때 부끄러운 적이 한두 번이 아니기도 합니다. 큐티 나눔을 할 때도 자신의 결단과 적용이 너무 어설프다는 생각이 들기도 합니다.

이와 같은 경험은 많은 사람이 공통으로 하는 것입니다. 그래서 본문을 2~3번 잘 읽어야 하는 것입니다. 그렇게 읽으라는 이유는 마음에 와닿는 단어나 구절을 찾으라는 의도가 아닙니다. 본문이 말하는 바를 정확하게 이해하기 위해서입니다. 하나님의 말씀이니 하나님께서 말씀하시고자 하는 바를 정확히 이해하는 것이 그 무엇보다 중요하지 않습니까? 책의 저자가 말하고자 하는 바를 파악하는 것이 책을 읽는 독자의 자세인 것과 마찬가지입니다. 그리고 적용이 큐티의 핵심이라고 말한다고 하더라도 실천하고자 하는 구체적인 적용보다 더 중요한 것은 그 적용이 본문이 담고 있는 바로 그 메시지 위에 놓여 있어야 하는 것입니다. 그러지 않으니 종종 문맥과 본문 메시지와 상관없이 말하여지고 적용되는 것입니다. 본문의 원의미를 제대로 파악하고 그 메시지에 기초해서 적용하는 것이 중요한 것입니다.

우리는 말씀을 잘못 해석하고 잘못 적용하면서 스스로 감동 받은 것처럼 착각해서는 안 될 것입니다. 하나님의 완전하고 무오한 말씀을 우리의 불완전하고 오류투성이인 말로 바꿔 놓고서는 큐티했다고 뿌듯해해서도 안 될 것입니다. 성도들이 본문 읽어 놓고 딴소리하는 설교에 대해 불만을 가지듯이 큐티 하면서 본문 읽어 놓고 딴소리하는 장본인이 되지 말아야 하는 것입니다.

큐티는 하나님의 말씀을 통해 교훈을 얻는 것입니다. 아이러니하게도 잘못된 해석과 적용 역시도 우리의 경건에 유익을 주곤 합니다. 큐티를 하는 목적 자체가 보다 나은 그리스도인 되고자 하나님의 말씀을 가까이하는 것이기 때문입니다. 하지만 말씀 속에 담겨 있는 하나님의 뜻을 깨달아 알고 그대로 실천하는 것이야말로 진정한 소통일 뿐 아니라 더 큰 유익임을 반드시 기억해야 합니다.

저는 가능하면 모든 성도가 큐티를 했으면 합니다. 하나님의 말씀을 더욱더 가까이하고 그 말씀으로 자신의 삶을 하나님 말씀 중심의 삶, 경건한 삶으로 바꾸는 것입니다. 온통 세상 이야기와 소식들로 가득 찬 우리의 몸과 마음을 하나님의 말씀으로 더욱더 강력하게 채우고 그 관점에서 세상을 이해하고 사는 훈련이 바로 큐티이기 때문입니다. 큐티할 때만 경건해지는 것이 아니라 매일의 큐티를 통해 하루하루가 경건해지는 것입니다. 하나님 말씀으로 하루를 시작하고 그 말씀이 자신의 삶을 관통하고 그 말씀을 알고 실천함으로 하나님께 더 가까이 나아가는 것입니다. 경건 훈련을 응원하고 축복합니다. 샬롬!

나눔을 위한 질문

당신은 경건 생활로 큐티를 하고 계십니까?
당신에게 가장 기억에 남는 큐티 내용은 무엇입니까?

반려견 세례도
가능합니까?

불가능합니다. 형식적으로는 목사가 짐승을 대상으로 세례를 베풀었다 하더라도 세례의 본 의미가 실현될 수 없습니다. 세례를 받는 대상은 믿는 바에 대한 자신의 신앙고백이 있어야 합니다. 그리고 삼위 하나님의 이름으로 세례를 받으며 죄사함의 은혜를 받게 되는 것입니다. 또한 그 세례를 받음 즉시 교회의 회원이 되어 성찬에 참석할 수 있고 공동의회에 참석할 수 있고 투표권을 가지게 됩니다. 그렇기 때문에 반려견 세례는 불가능합니다.

베드로가 이르되 너희가 회개하여 각각 예수 그리스도의
이름으로 세례를 받고 죄 사함을 받으라
그리하면 성령의 선물을 받으리니
_ 사도행전 2:38

한 성도가 토요일에 세례를 받았습니다. 그런데 그 교회는 토요일에 공예배를 드리는 교회가 아니라 주일에 공예배를 드리는 교회였습니다. 그 성도는 교회 담임목사님의 갑작스러운 연락에 다른 여자 성도와 같이 목양실에서 세례를 받았다고 합니다. 세례를 성도들이 아무도 없는 곳에서 목사님 혼자 베푸셨다는 것 자체가 이해가 안 되고 이상하지만 그 성도는 목사님께서 베푸셨으니 아무 문제 없는 것 아니냐고 나는 목사님이 하자고 해서 했을 뿐이고 더 자세한 건 모르겠다 하였습니다.

하지만 분명히 문제가 있습니다. 자격 없는 사람들의 무분별한 세례를 방지하고 교회의 질서 유지를 위해 합법적으로 신학교육을 받은 목사들에게 세례를 일임하고 있지만, 그렇다고 해서 목사가 임의로 세례를 베풀 수 있는 것이 아닙니다. 갑자기 연락이 와서 세례를 받았다는 것 역시 문답 교육을 제대로 시행하지 않았다는 증거가 될 것입니다. 세례 문답 공부는 목사와 개인적으로 할 수도 있지만, 세례식은 온 교회 앞에서 행하는 것입니다. 세례 서약, 세례식 그리고 공포의 모든 순서는 목사와 세례 대상자만의 참여가 아닙니다. 그 예배에 참석한 모든 성도가 함께 듣고, 함께 고백하고, 함께 보며, 그 세례가 합당함에 대한 증인이 되는 것입니다. 그리고 세례를 받음으로 인해 교회 공동체의 한 일원이 되기에 축복하는 자리가 되는 것입니다. 하나님과 사람 앞에서 이루어지는 것입니다. 그뿐만이 아닙니다. 세례는 죄 씻음 받는 표임과 동시에 그리스도의 몸 된 교회의 회원으로 받아들이는 예식입니다. 신앙 공동체의 회원으로 받아들이는 것인데 참된 믿음과 회심하는 마음 없이 목사님 임의로 세례를 베푼다는 것 자체가 상식적이지 않습니다.

더 충격적인 것은 그날 함께 세례받은 다른 성도의 반려견도 세례를 받았다는데 자신한테 했던 것과 똑같이 '내가 성부와 성자와 성령의 이름으로 세례를 주노라'라고 하면서 물을 반려견 머리에 부었다고 합니다. 그 목사님께서는 이사야의 말씀을 인용하면서 천국은 사자, 이리, 어린 양과 소가 함께 있는 곳이고(사 65:25), 유럽 교회들에서는 오래전부터 짐승들에게 세례를 베풀었다면서 흔쾌히 세례를 베풀었다고 합니다.

전 세계 몇몇 나라의 로마가톨릭교회들은 개나 고양이뿐 아니라 새와 각종 짐승과 함께 미사를 드리고 짐승들에게 세례를 주기도 합니다. 그들은 동물들에게 설교했다는 아시시의 프란체스코(Francesco d'Assisi, 1181~1226)를 언급하며 그들 나름의 전통을 운운합니다. 하지만 근본적으로 그것을 '세례'라 부르는 것은 옳지 않습니다.

여기서 질문은 세례 행위에 대한 것입니다. 결국 목사님이 물로 베푼 것은 동일한 사건이지 않으냐입니다. 물론 형식적으로는 목사가 짐승을 대상으로 세례를 베풀었다고 말할 수 있지만 세례의 본 의미가 실현될 수 없습니다. 세례를 받는 대상은 믿는 바에 대한 자신의 고백이 있어야 합니다. 그리고 삼위 하나님의 이름으로 세례를 받으며 죄사함의 은혜를 받게 되는 것입니다. 믿음이 없이는 세례는 무의미한 것입니다. 또한 그 세례를 받음 즉시 교회의 회원이 되어 성찬에 참석할 수 있고 공동의회에 참석할 수 있고 투표권을 가지게 됩니다. 우리가 아무리 반려견이나 반려묘를 사랑한다고 하더라도, 그 동물들에게 우리와 동등한 권한을 부여하지는 않지 않습니까? 우리와 동일하게 권한과 의무를 가지지 않습니다.

혹자는 유아세례와 동물 세례를 비교하며 후견인의 신앙으로 할 수 있지 않은가 말합니다. 전혀 그렇지 않습니다. 유아세례를 받은 사람은 공적인 신앙고백을 통해 입교해야 교회의 회원이 되지 않습니까? 시간이 흐른다고 해서 동물들이 우리가 이해하고 우리가 고백하는 신앙을 말할 수 있습니까? 그렇지 않습니다. 또 혹자는 하나님의 창조 질서와 만물의 회복을 이야기하면서 노아의 방주 사건을 그 예로 들어 동물 세례를 주장하는데 이것 역시도 그렇게 생각할 수 없습니다. 방주에 들어간 동물들이 노아처럼 오직 믿음으로 하나님 앞에서 완전하게 행하였습니까? 방주에서 나온 후에도 언약에 충실하게 행동했습니까? 결코 그렇지 않습니다.

우리의 신앙 상식에서는 도저히 받아들일 수 없는 너무나도 이상한 일들이 교회나 목사라는 이름하에 이루어지고 있습니다. 일반 성도들도 그 교회가 정통교회인지 이단인지 분별하기 힘든데 이제 막 교회에 간 사람은 더하지 않겠습니까? 그들은 교회 지도자의 가르침이 무조건 옳은 것으로 판단하고 따를 것입니다.

우리의 신앙 양심은 교회나 목사의 발언이나 행위가 성경과 일치하지 않다면 거부할 수 있습니다. 그뿐만 아니라 그동안 우리 교회들이 해오던 양식과 다를 때 그것에 대해서 주의를 요하는 자세 자체는 바람직한 것입니다. 교회나 목사 자체도 오직 성경의 권위보다 더 높거나 더 클 수 없기 때문입니다. 또한 한 개인의 해석이 전체 교회가 역사적으로 받아들여 왔던 성경적 해석과 충돌할 때, 무비판적으로 수용하지 않는 자세가 지혜로운 모습입니다. 우리는 오직 성경에 근거해서 지금 우리들의 교회에서 일어나는 모든 일들을 판단하고 받아들일 수 있어야 할 것입니다.

분별력 없는 성도들은 '다른 교회들은 다 하던데' 말하기도 하지만 우리는 항상 성경과 우리가 고백하는 신앙과 신학으로 점검해야 하는 것입니다. 비성경적인 일들이 다른 교회에서 행해진다고 하더라도 우리는 성경에 빗대어 신중하게 판단해야 할 것입니다. 샬롬!

나눔을 위한 질문

당신은 당신의 세례에 있어서 특별한 경험이 있습니까?
당신은 반려동물에 대해 어떻게 생각하십니까?

혼전임신으로 태어난 아이도 유아세례 가능합니까?

부모가 혼전임신 사실에 대해 뉘우치는 모습을 보이고, 그 아이로 그리스도의 죽음과 부활의 모습을 새기게 하고 일생 동안 주님을 잘 섬길 수 있도록 양육할 것을 다짐한다면, 유아세례를 베풀 수 있습니다. 그리고 신앙 안에서 태어난 아이는 하나님의 은총의 언약 아래 있는 자로 여김 받게 됩니다.

너희의 대대로 모든 남자는 집에서 난 자나 또는
너희 자손이 아니라 이방 사람에게서 돈으로 산 자를
막론하고 난 지 팔 일 만에 할례를 받을 것이라
_ 창세기 17:12

결혼은 많은 사람의 축복 가운데 이루어집니다. 한 신앙 안에서 교제하여 사랑의 결과로 혼인 관계에 이르는 것은 가장 복된 일 중 하나입니다. 하지만 때때로 결혼식 이후에 좋지 못한 말이 나올 때가 있습니다. 그중 하나가 바로 아이의 출산 시기입니다.

예를 들어, 교회 청년부 회장과 부회장 커플이 온 교인들의 축복 가운데 결혼했습니다. 그리고 결혼한 후 7개월 만에 아이가 태어났을 때 교회에서 안 좋은 소문이 돌기 시작했습니다. 그 청년 부부의 아이는 조기 출산이 아닌 예정일대로 이루어진 출산이었습니다. 갑자기 결혼 날짜를 잡아 결혼식을 치르고 나서는 온라인으로만 예배를 드렸던 이유가 혼전 임신 때문이었습니다. 청년부 회장 부회장 커플의 혼전 임신이라 충격이 더 클 뿐 아니라 부모들도 중직자고 전도회 임원들이었습니다. 심지어 교회에서 결혼예식을 치렀습니다. 다들 앞에서는 축하하지만 뒤에서는 말들이 많았습니다.

이 경우에는 어떻게 치리해야 할까요? 그 교회 담임목사님께서는 보통 모든 출산 부모에게 직접 축하 전화를 하시는데 그 청년 부부에게는 안 했다고 합니다. 목사님 나름의 치리로 이해할 수 있습니다. 목사님께서도 쉽지 않으셨을 것입니다. 하나의 생명이 이 땅에 태어난 것은 참으로 좋은 일이고 축복을 넘치도록 해야 할 일이지만 혼전임신 또한 심각한 문제 중 하나이기 때문입니다. 몇 년 전 미국 통계지만 기독교 청년들이 결혼 전 동거 경험은 50%이고, 결혼 전 성경험은 90%라는 말을 들은 적 있습니다. 비록 한국 기독교 청년들의 수치가 아니라 할지라도 한국 교회 역시도 많이 무너져 있다는 사실을 인정하는 것은 어렵지 않습니다.

또 다른 문제가 있습니다. 바로 그 아이의 유아세례입니다. 이렇게 교회에 큰 충격과 상처를 주면서까지 유아세례를 베풀어도 되냐고 말하는 사람들이 있습니다. 그런데 이 문제는 두 가지로 나눠서 이해해야 할 것입니다. 하나는 혼전임신의 문제이고, 다른 하나는 유아세례의 조건 문제입니다.

혼전임신 자체는 명백한 죄이지 않을까요? 혼전임신은 두 사람에게 죄가 있는 것입니다. 남자는 여자를 돌보지 못하고 죄를 지은 것이고 여자는 의도적으로 이에 동참함으로써 죄를 지은 것입니다. 임신과 출산이 죄가 아니라 그 이전의 행위가 죄가 되는 것입니다. 이것은 반드시 구분되어야 합니다. 아이가 죄로 인해 잉태되었으니 하나님께서 복을 베풀지 않으실 거라고 두려워할 필요도 없습니다. 이후에 부모가 참된 회개의 모습을 보인다면 그 아이는 하나님의 은혜

가운데서 잘 자랄 것입니다.

그렇다면 유아세례를 받는 조건에 있어서 문제는 무엇일까요? 유아세례 조건은 부모 모두 혹은 한 편이 세례 교인혹은 입교인이어야 합니다. 우리 교단은 유아세례 연령을 만3세(36개월)까지 허락하고 있습니다. 참고로 합동과 통합 교단은 유아세례 연령을 만 6세까지 허락하고 있습니다. 삼위하나님의 이름으로 세례를 받은 자는 죄 씻음의 표를 얻고우리의 유일한 중보자 되신 그리스도와 연합하여 하나님 나라의 일원이 됩니다. 그것이 세례입니다. 유아세례를 받은 아이 역시도 교회의 성도 가운데 속하게 됨을 공포하는 것입니다. 여기에 유아세례의 중요성이 간과되어서도 안 됩니다.

세례의 기본 의미 외에 어떤 중요성이 있을까요? 신앙의가정에서 자녀가 태어난다는 것은 그저 자연적인 번식 과정으로 보는 것이 아닙니다. 그 자녀들은 하나님의 은혜로 말미암아 하나님 나라에 들어가도록 태어난 자들로 간주하는것입니다. 세상에 태어나는 모든 아이가 다 사랑스럽지만, 신자들의 자녀들은 언약에 근거하여 특권이 주어지는 것입니다. 하나님의 은혜로 구별되는 것입니다. 그렇기 때문에 혈과육으로 난 것이 아니라 믿음과 성령으로 난 자로 여기고 은총의 언약 아래 있는 자들로 여기는 것입니다.

그렇다면 태어남과 동시에 언약적 관계가 될까요? 『웨스트민스터 예배모범』(Directory for Public Worship, 1644) '성례의 집행'은 세례 제정과 성격과 용도와 목적을 설명하면서 신앙 안에 태어난 믿음의 자손과 그 후손들은 출생과 함께 언약 관계를 맺게 된다고 되어 있습니다.

그럼에도 불구하고 그 부모가 교회에 덕을 끼치지 못했고 질서를 어지럽혔기 때문에 치리가 있어야 이와 같은 일이 반복되지 않을 것이라고 강경하게 말하는 성도들의 말은 어떻게 이해해야 할까요? 충분히 이해됩니다. 그러니 부모가 혼전임신 사실에 대해 뉘우치는 모습을 보이고 그 아이로 그리스도의 죽음과 부활의 모습을 새기게 하고 일생 동안 주님을 잘 섬길 수 있도록 양육할 것을 다짐한 후에 유아세례를 베푸는 것이 좋을 것입니다.

여기서 교회가 조심해야 할 일이 있습니다. 그것은 교회의 따가운 시선과 질책이 지나쳐서 회개하는 당사자들에게 추가적인 상처가 발생하지 않도록 해야 할 것입니다. 태어난 아이에게도 어떠한 피해도 주어지지 않도록 지혜롭게 해야 할 것입니다. 그러다 교회를 떠나는 사례들이 있기 때문입니다.

우리는 교회에서 실시하는 유아세례를 위한 부모 교육과

문답 과정을 통해 충분히 교육이 이루어져야 할 것입니다. 다시 한번 정리하여 말하면 유아세례 조건은 부모 모두 혹은 한 편이 세례 교인 혹은 입교인이기만 하면 됩니다. 신앙의 가정에서 자녀가 태어난다는 것은 언약에 근거하여 특권이 주어집니다. 하나님의 은혜로 구별되는 것입니다. 단순히 혈과 육으로 난 것이 아니라 믿음과 성령으로 난 자로 여기고 은총의 언약 아래 있는 자들로 여겨야 할 것입니다. 교회는 부모의 마음으로 그 가정을 위해서 기도하고 그 아이를 위해서 사랑하고 축복하는 마음으로 대해야 할 것입니다. 샬롬!

나눔을 위한 질문

당신은 혼전 성관계에 대해 어떻게 생각하십니까?
당신은 당신 자녀의 유아세례를 어떻게 준비하고 있으십니까?

온라인 성찬도
가능합니까?

성찬은 우리의 생각으로만 모여 행하는 것이 아닙니다. 성찬은 동일한 신앙고백 공동체가 시공간적으로 함께 모여 행하며 실제로 빵과 포도주를 함께 나누어 먹는 것입니다. 종교개혁자들 역시도 빵과 포도주를 가정에 배달해서 성례를 실천하는 것을 금지하였습니다. 그리고 웨스트민스터 신앙고백도 성찬식에 참석하지 않은 자에게 남은 성찬을 나중에 주지 말라고 기록하고 있습니다.

너희가 이 떡을 먹으며 이 잔을 마실 때마다
주의 죽으심을 그가 오실 때까지 전하는 것이니라
_ 고린도전서 11:26

코로나로 한동안 시행되지 않았던 성찬식이 재개되자 작은 소동들이 있었습니다. 바로 온라인 예배자들의 성찬 참여 문제였습니다. 한 교회는 당회에서 대면 예배 참석자만 성찬식에 참여하는 것으로 결정하였습니다. 그 소식을 들은 그 교회 성도 중 일부가 카톡으로 다른 교회들은 온라인 성찬식을 잘만 하는데 우리 교회는 왜 안 하느냐며 항의 아닌 항의를 했습니다. 온라인 예배가 보편화된 시대에 온라인 성찬식은 왜 안 되냐고 따지면서 생긴 소동이었습니다. 그 교회 당회는 대면 예배 참석자에 한하여 성찬식을 시행한다는 기존 입장을 고수했고 이를 받아들이지 못하는 몇몇 성도들이 '당회가 구식이다'라는 식의 말을 해서 논란이 쉽사리 사그라지지 않았습니다.

위의 당회는 성경적이고 신학적인 입장에 따라 결정한 것으로 보입니다. 원리에 충실한 결정이었기 때문에 그것을 가리켜 '구식'이라고 말하는 것은 맞지 않습니다. 물론 주변의 몇몇 교회들이 온라인 성찬식을 이미 시행했으니까 그 교회들과 비교해서 말한 것으로 여겨지지만 그건 그 교회의 결정이고 성도는 자신이 속한 교회의 결정을 따르는 것이 맞습니다.

그런데 더 심각한 것은 한 성도가 온라인 성찬의 다양한 방식을 카톡에 소개한 일이었습니다. 그리고 투표를 진행한 것입니다. 1번은 각자가 빵과 포도주를 준비하는 방식, 2번은 교회에서 빵과 포도주가 담긴 성찬 키트를 개개인에게 가져다주는 방식, 3번은 담임목사님과 몇몇 성도만 성찬에 참석하고 나머지 성도들은 지켜보며 상상으로 참여하는 방식이었습니다. 투표 결과 2번 개인별 성찬 키트 방식이 가장 많이 나왔습니다. 투표에 참석한 사람들의 지배적인 인식은 온라인 예배를 드리듯이 온라인 성찬을 하는 것은 전혀 문제가 안 된다였습니다.

그럴싸한 주장 같지만 전혀 그렇지 않습니다. 우리가 온라인 예배를 놓고 논쟁할 때 가장 핵심적 논의는 '모이는 것'에 있었습니다. 우리가 예배를 매주 정해진 날짜와 정해진 시간에 드린다면 성찬식은 어떻습니까? 교회마다 그 횟수가 다릅니다. 상하반기 한 번씩 하는 교회, 2~3개월 단위로 한 번씩 하는 교회, 매우 드물게는 매 주일 행하는 교회도 있습니다. 예수님께서 제정하신 성례이기 때문에 반드시 행해야 하지만 그 횟수는 개체 교회가 정하는 것입니다.

교회들이 성찬식의 횟수를 어떻게 정할까요? 교회의 여러 일정을 고려하여 정하지만 가장 중요한 것은 교인들이 성찬을 받기에 합당한가를 파악하는 심방 기간에 근거해서 시행합니다. 당회가 성도들이 성찬의 빵과 포도주를 받기에 합당한 상태인지를 확인하고 성찬에 참석게 하는 것입니다. 그런데 심방도 제대로 이루어지지 않는 가운데 흩어진 상태에서 하나 됨의 성찬을 시행한다는 것은 넌센스이지 않습니까? 어떻게 성찬을 통해 그리스도와의 연합의 은혜에 참석하는 성도들과 하나 됨을 경험하게 될까요? 혹자는 성찬식 전에 철저히 살피면 가능하지 않으냐고 합니다. 그럴 수도 있습니다. 하지만 온라인 예배 때 자주 나타나는 문제 역시도 온라인 성찬의 문제로 작용할 것입니다. 즉, 성도들이 정해진 시간에 맞춰 예배하지 않는다는 것입니다. 실제 예배 시작 당시에는 소수의 인원이 시청하다가 일정 시간이 지나거나 마치는 순간에는 그 수가 많이 늘어나 있는 것을 보지 않습니까? 성찬은 우리의 생각으로만 함께 모여 행해지는 것이 아니라 동일한 신앙고백 공동체가 시공간적으로 함께 모여 행하며 실제로 빵과 포도주를 함께 나누어 먹는 것입니다.

만약 성도들이 정해진 시간이 아닌 자신이 예배 영상을 클릭한 시간에 성찬을 따로 하거나 예배 순서를 임의로 건너뛰고 혼자서 성찬 키트의 빵과 포도주를 먹고 마신다거나 참석하지 않아 그대로 남아 있는 빵과 포도주 처리 문제 등은 어떻게 이해해야 할까요? 누가 그 성찬을 감독하며 시행할 수 있을까요? 그렇게 된다면 성찬식의 질서가 완전히 무너져 버릴 것입니다.

종교개혁자들 역시도 빵과 포도주를 가정에 배달해서 성례를 실천하는 것을 금지하였습니다. 그리고 『웨스트민스터 신앙고백』도 성찬식에 참석하지 않은 자에게 남은 성찬을 나중에 주지 말라고 기록하고 있습니다. 성찬의 빵과 포도주 자체가 신비한 능력이 있는 것이 아니기 때문입니다.

온라인 성찬 여부는 개체교회의 고유권한 하에 결정할 사항입니다. 모든 성도가 함께 모여 예배하며 성찬식을 사모하도록 교육하는 것이 중요할 것입니다. 성찬은 온 교회가 함께 그리스도를 기념하는 데 그 목적이 있습니다(고전 11:24). 성찬을 통해 주어지는 가르침은 교회는 함께 빵과 포도주를 마시며 교회를 향한 그리스도의 참된 사랑을 기억하는 것입니다. 그리고 성령님으로 말미암아 그리스도와 연합하여 그의 모든 은덕 안에서 교제하며 그 확신 가운데 다시 오심을 기대하는 것입니다. 우리는 동일한 신앙 고백을 확인한 가운데 그리스도께서 우리의 모든 죄를 완전히 용서하여 주시기 위해 살이 찢기시고 피를 쏟으셨음을 기억하고 믿음으로 받는 것입니다.

성찬은 성령님을 통해 그리스도와 연합게 되는 은혜를 누리고 모든 구원의 은덕을 받아 누리는 은혜의 방편임과 동시에 성도가 하나 되고 동일한 신앙 고백 안에 교제하는 일입니다. 그 일을 간소화한다거나 개별화하는 것은 결코 성찬의 의미를 온전히 이해한 것이 아님을 기억하길 바랍니다. 샬롬!

나눔을 위한 질문

당신은 은혜의 방편으로써 성찬에 잘 참여하고 계십니까?
당신은 성찬의 유익이 무엇이라 고백하십니까?

주일에 점심 식사를
꼭 먹어야 합니까?

예배 후 식사는 사랑의 교제에 바탕을 둔 초대교회의 애찬식에서 기원합니다. 이는 성도들이 성찬식 이후 신앙고백과 더불어 성도의 교제를 실천한 아름다운 모습이었습니다. 하지만 부작용이 심해 시간이 지나면서 사라졌습니다. 그렇기 때문에 오늘날의 교회는 모든 성도의 참된 교제와 교회 상황에 맞게 결정하면 됩니다.

하나님의 나라는 먹는 것과 마시는 것이 아니요
오직 성령 안에 있는 의와 평강과 희락이라
_ 로마서 14:17

최근 들어 교회 내 식사 문제가 자연스럽게 대두되고 있습니다. 주일 오전예배 후에 성도들이 꼭 식사를 해야 하느냐 문제입니다. 꼭 해야 하는 건 아닙니다! 문제는 '코로나 때처럼 안 먹으면 안 되느냐, 그냥 집에 가서 먹고 오후예배 참석하면 안 되느냐'는 의견들이 교회 내에서 제기되고 있습니다. 당연히 그렇게 해도 됩니다. 그 결정은 전적으로 개체 교회들이 알아서 정하는 것입니다.

그러나 이 문제는 결코 가볍게 생각하고 넘어갈 수준이 아닙니다. 봉사의 강도와 반복에 따른 실질적인 문제이기 때문입니다. 여전도회 회원들이 식당 봉사를 다시 시작할 때는 교회가 예전으로 회복되는 것 같아서 즐거이 했지만, 봉사 순번이 너무 빨리 돌아옴으로 인해 불평들이 나오기 시작하는 것입니다. 코로나를 지나는 몇 년 사이에 교회 내 많은 직분자 혹은 봉사자들이 은퇴했기 때문입니다. 게다가 젊은 여전도회는 원래 아이 문제로 봉사를 기피했는데 점점 더 심해지다 보니 자연스럽게 중간 전도회들만 식당 봉사를 더 자주 반복하게 되어 피로감이 누적된 것입니다. 그래서 식사 여부에 대한 건의들이 나오기 시작했고 몇몇 교회들이 점심 식사를 성경적인 요소인 '애찬식'으로 이해하여 반드시 해야 할 요소로 대답하였습니다.

정말 교회에서 점심 식사를 먹는 것이 성경적입니까? 초대교회에서 애찬식은 깊은 사랑의 교제에 바탕 한 공동식사였던 것은 맞습니다. 성도들이 성찬식 이후 신앙고백과 더불어 성도의 교제를 실천한 것입니다. 하지만 카르타고 공의회(Concilium Carthaginense, 220)에서 폐지되었습니다. 애찬식의 부작용 때문입니다. 사실 애찬식 때 사용되는 음식들은 개인들이 집에서 준비해 왔습니다. 하지만 빈부의 차이뿐 아니라 식탁 구성원에도 차이를 두는 일이 생기다 보니 원래의 의미와 의도에서 많이 벗어나 오히려 문제가 되어 폐지한 것입니다.

사도행전 2장과 6장에서 성도들이 서로 교제하고 떡을 뗀 것은 어떻게 이해해야 할까요? 이때의 식사는 단순한 교제의 도구에 그치는 것이 아니라 예배의 한 부분이고 신앙의 실제적인 요소이지 않을까요? 물론 초대교회가 보여 준 아름다운 모습이 맞습니다. 우리가 잘 알다시피 고린도전서 11장 17~34절에서도 성찬과 애찬이 함께 등장하고 있습니다. 여기서 애찬을 행할 때 주의해야 할 점(고전 11:21~22)을 언급하고 있습니다. 즉, 각각 자기의 만찬을 먼저 갖다 먹는 일, 어떤 사람은 배고프고 어떤 사람은 취한 일, 빈궁한 자가 부끄럽게 기다리는 일 등은 하나님의 교회를 업신여기는 일이니 주의하라는 것입니다. 초대교회 당시인 1세기에는 주일 늦은 오후나 저녁때 예배를 드리며 애찬과 성찬식을 하였지만 그것도 오래 가지 못했습니다. 1세기 말이 되면서 애찬은 사라지고 아침예배 때 성찬식만 거행한 것으로 알고 있습니다. 초대교회 초기에는 그러했지만 시간이 지나면서 사라진 것입니다.

그렇기 때문에 예배 후 식사는 성경에서 그 모습을 찾을 수는 있지만 완전히 일치한 것은 아니라 할 수 있습니다. 애찬식이라 하더라도 초대교회 성도들은 각각의 성도들이 먹을 음식을 가져와 함께 나눠 먹었다면, 오늘날 교회는 교회가 식사를 제공한다는 점에서 큰 차이가 있습니다. 실제 해외 교회들은 식사를 거의 제공하지 않습니다. 예배 후 대부분이 각자 집으로 돌아가 식사를 하고 그리고 다시 오후 혹은 저녁 예배에 참석합니다. 교회가 대접하는 것은 따뜻한 커피와 차가 전부입니다. 성찬식이 있는 주일에도 애찬식을 하지 않습니다. 그렇기 때문에 주일 점심 식사가 성경적이라는 말은 조금 과한 해석일 수도 있습니다.

물론 주방 봉사를 하시는 모든 분이 교회에 종일 머물며 봉사하는 사람들의 식사 문제를 해결해 주는 것에는 그 의미가 있다고 다들 생각을 합니다. 그리고 온 교회로 성도 간

즐거운 교제를 누리게 합니다. 하지만 그들이 예배를 온전히 드리지 못한다는 데 근본 문제가 있습니다. 수십~수백 명의 식사를 준비하는 게 1시간으로 끝나지 않습니다. 식당 봉사자들이 1부 예배를 드리고 여유롭게 준비하면 된다고 하지만 실상은 그렇게 하면 준비를 못한다고 합니다. 누군가는 예배를 못 드리고 계속해서 준비해야 하고 그것도 아니면 설교만 듣고 오는 것입니다. 설교만 듣는 것은 예배가 아닙니다. 그런데 어쩔 수 없이 그렇게 한다고 합니다.

우리는 봉사와 관련하여 우선순위를 논할 때 마리아와 마르다 이야기(눅 10:38~42)를 듣곤 합니다. 식당 봉사 권사님들로부터 자주 듣는 말입니다. 자신들도 예수님께 책망받은 마르다가 아닌 칭찬 받은 마리아이고 싶다는 것입니다. 봉사를 통해 공동체를 섬김이 강조되어야 하지만 봉사가 예배보다 앞서서는 결코 안 될 것입니다.

그뿐 아닙니다. 실제 교회 주방 안은 살벌할 때가 많습니다. 기쁨과 평강으로 섬기기보다는 갈등과 아픔이 있을 때가 있습니다. 대부분 조리 방법의 차이나 조리 과정의 주도권 때문이고 이로 인해 봉사 참여도에 대한 웅성거림이 더해집니다. 교회의 식당 봉사를 정말로 즐겁고 행복하게 하는 교회도 있고 늘 다툼이 끊이지 않는 교회도 있습니다. 이 문제는 개체 교회에서 결정할 일이라는 사실 역시 분명합니다.

주일 봉사가 한 주를 시작하는 데 지장을 주는 건 고쳐야 할 부분이라 생각합니다. 주일 식당 봉사의 고강도 노동으로 많은 권사님이 월요일에 침 맞고 주사 맞으러 병원에 가시는 것을 볼 때 참 마음이 아픕니다. 분명한 것은 오늘날의 교회들은 식당 봉사자들이 예배자로서 주일을 지낼 수 있도록 더 신경을 쓰고 있습니다. 외부 업체에 맡기는 교회들이 늘어가고 있는 것 역시 이 문제에 대한 대안으로 여겨지고 있습니다. 주일 점심 식사 문화는 한국 교회가 가지고 있는 귀한 전통 중 하나일 수도 있지만, 개체 교회에서 지혜롭게 해결하여 모두가 행복하고 평안을 누려야 할 것입니다. 어느 한 사람도 예배자로서 주일의 삶에 방해되지 않아야 할 것입니다. 성도의 참된 교제를 위해 식탁 공동체를 실현하고자 한다면 그것이 보다 아름답게 실현될 수 있도록 더 많은 지혜를 모아야 할 것입니다. 샬롬!

나눔을 위한 질문

당신은 교회 봉사로 인해 예배 생활에 지장을 받고 있습니까?
당신은 식탁교제의 중요성을 어떻게 생각하십니까?

2부

이웃 사랑

(LOVE YOUR NEIGHBOR)

가족 간의 '정치적 갈등' 어떻게 해야 합니까?

가족 간 정치적 갈등은 세상을 이해하는 관점 차이에 따른 것입니다. 남녀노소 세대 불문하고 정치적 관점 차이가 존재합니다. 이 갈등은 서로를 인정하고 협력하는 자세가 부족해서 그런 것입니다. 하지만 그리스도인인 우리는 그 차이를 존중할 줄 알아야 합니다. 나아가 우리의 입술은 정치 이야기보다 신앙 이야기로 더 많이 채워져야 할 것입니다.

교만에서는 다툼만 일어날 뿐이라
권면을 듣는 자는 지혜가 있느니라
_ 잠언 13:10

우리 주변에 정치적 견해와 입장 차이로 갈등의 골이 깊은 가정들을 보게 됩니다. 정말로 경건하고 인품이 훌륭하지만 정치 관련 이야기만 나오면 민감하게 반응하는 분도 있습니다. 이와 같은 문제는 세대 간의 갈등으로 나타나기도 합니다. 한 가정에서 아버지와 아들의 정치적 견해 차이로 화목이 깨지고 대화가 단절되는 경우가 있습니다. 교회 내에 이와 같은 갈등을 호소하는 분들이 늘어나고 있습니다.

　요즘 정치적 견해 차이로 인한 세대 간의 갈등은 아주 특별한 사람들만의 문제가 아닌 것이 되었습니다. 한 청년이 자기가 너무나도 사랑하고 존경하는 부모님에게 정치적인 이유로 화를 낸 적이 있다며 속상해했던 적이 있습니다. 그런 가정 많습니다. 저녁에 밥 먹고 자연스럽게 뉴스를 틀어도 어느 방송사 뉴스를 보느냐를 가지고 다투기도 합니다. 뉴스를 보면서 서로 말을 주고받다가 세상을 바라보는 시각 차이로 다툼이 일어날 때마다 중간에 끼인 다른 가족 구성원들은 불안함을 느낍니다.

　한 가정의 이야기입니다. 이 가정 역시도 부자간에 정치적 갈등이 깊었습니다. 정치적 관심도가 덜한 가족 중 누군가가 대화 주제를 다른 것으로 바꿔도 잠깐입니다. 아내가 남편에게 "그냥 평범한 이야기 좀 하자"고 하면, 남편은

"정치 이야기가 평범한 대화지!"라고 말합니다. 어머니가 아들에게 "아버지가 정치 이야기하면 그냥 듣고 넘기면 안 되니?"라고 말하면, 아들은 "완전히 평행선을 달리는 기분이라서 안 하고 싶지만 아버지가 밖에서 저런 이야기로 남들한테 손가락질당할까 봐 안타까워서 그렇지!"라고 합니다. 결국에는 서로서로 위해서 하는 말인데 남는 건 갈등과 상처뿐입니다.

사람들이 만나면 정치 이야기하는 게 다반사이지만 세대 간에 언론을 접하는 통로가 다르니 양쪽 입장도 이해가 됩니다. 그래도 가족 간에 언성이 높아지고 감정이 상하지 않는 선에서 하도록 누군가는 좀 더 중재해야 하지만 어떻게 중재해야 할지 모르는 사람들이 대부분입니다.

성경은 자녀를 대하는 부모의 자세 중 하나로 자녀들을 노엽게 하지 말라고 가르칩니다. "너희는 세상을 모른다"라는 식의 무시하는 발언이 이미 성인인 자녀들의 마음을 상하게 하는 것입니다. 오히려 어른이니 더 열린 마음으로 자녀들의 의견을 들을 수 있어야 할 것입니다. 또한 부모를 대하는 자녀의 자세 중 하나는 부모의 약한 부분까지도 너그러이 이해하고 받아들이는 것입니다. 자녀 입장에서는 부모의 정치적 입장조차도 너그러이 받아들여야 하는 것입니다.

어른 된 입장에서 자녀들이 따박따박 따지는 것은 "부모님께서 잘 모른다"는 무시하는 모습이 될 수 있습니다.

이것은 실제 머리로는 이해가 되지만 쉽지 않다는 것 역시 알기 때문에 답답함을 불러일으킵니다. 대부분의 사람들이 '내가 아는 것이 사실이다'는 것에 감정이입이 되어 있기에 논리적인 설득과 대화라기보다는 네 편 내 편에 따른 주장만 하는 일이 많기 때문입니다. 그렇기 때문에 우리는 중간에서 더 노력해서 서로가 노엽지 않게 서로가 너그러이 인정해 줄 수 있도록 힘써야 합니다.

어떤 가정은 할머니 생신 축하 자리에 모여 '태극기냐 촛불이냐'를 놓고서 서로를 불쌍하게 쳐다보며 다투기도 합니다. 그 집에 목사님과 장로님이 계셔서 모일 때마다 항상 간단히 예배를 드린다고 하더라도 갈등은 전혀 해결되지 않습니다. 본격적인 것은 예배 후에 시작됩니다. 하나님 말씀은 짧고 정치 말씀은 너무 길다는 게 문제입니다. 그날도 할머니께서 "우리도 손주 자랑하면 만 원씩 내놓고 하니까 너희들도 정치 이야기하려면 만 원씩 내놓고 해라"고 해서 끝나는가 싶더니만 채 몇 분도 못 갔다고 합니다. 동갑인 목사님과 장로님께서 그냥 입장이 다르면 다행인데 '누구 목사가 이러더라', '무슨 신학교 교수는 이렇게 말하더라', '무슨 대학

교수가 교회 장로인데 이렇다 하더라'고 말을 하며 논쟁했다고 합니다.

여기서 이런 질문이 제기될 수 있습니다. 같은 개신교 안에서 어떻게 이렇게 다를 수가 있을까요? 장로교 입장에서 국가와 교회와의 관계는 '협력 관계'인데 그 정도에 있어서 교단이나 목사마다 생각이 다를 수 있습니다. 일반적으로 정부의 명령이 하나님의 명령과 상충하지 않거나, 합당한 예배의 자유를 강제적으로 빼앗지 않는 이상 하나님께서 세우신 권위인 세상 정부에 복종하는 것이 옳다고 봅니다. 교회는 예배의 자유를 보호하는 정부와 함께 질서와 평화를 추구해야 하는 것이 성경적이라 봅니다. 그 질서와 평화를 위한 '협력'에 있어서 입장 차이가 있어서 그런 것입니다.

가족 간의 정치적 갈등도 결국에는 서로를 인정하고 협력하는 자세가 부족해서 그런 것입니다. 참으로 안타깝게 생각하는 것은 우리는 그리스도의 십자가 보혈로 말미암아 구속의 은혜를 받은 하나님의 자녀들인데 우리 입에서 하나님에 대한 이야기 내 신앙 이야기보다는 정치 이야기나 누군가를 비난하는 이야기가 가득하다는 것입니다. 사람은 누구나가 주관심사에 대한 이야기가 자연스럽게 입에서 나오게 되어 있습니다. 정치는 내 삶과 직결된다고 생각하기에 정치에 관심을 가지는 것인데 그렇다면 신앙은 내 삶과 직결되지 않습니까? 더 직결되고 더 관련 있음에도 불구하고 신앙의 대화가 없다는 것에 대해 우리는 깊은 고민을 해야 할 것입니다. 이제 우리는 가정에서 정치 이야기가 아니라 신앙에 관한 이야기를 보다 주도적으로 해 나가야 할 것입니다. 그 신앙 안에서 부모와 자녀 간의 사랑을 확인하고 하나님께 감사하는 가정이 되어야 할 것입니다. 하나님의 은혜와 사랑에 대한 감사의 이야기가 넘쳐나는 가정되길 소망합니다. 샬롬!

나눔을 위한 질문

당신은 정치적 논쟁으로 인한 갈등을 겪고 계십니까?
당신은 하나님 이야기를 얼마나 하고 계십니까?

자녀 양육은
엄마의 몫입니까?

자녀 양육에 있어서 엄마의 역할은 참으로 크지만 그렇다고 해서 그것을 '성경적'이라 단정하기는 어렵습니다. 자녀 양육의 문제는 누구만의 역할이 아닙니다. 부모가 함께해야 할 일입니다. 양육의 내용은 학교 교육뿐 아니라 신앙 교육도 포함되어야 합니다. 그래서 진정 하나님의 영광을 위해 살 수 있도록 양육해야 합니다.

내가 내 자녀들이 진리 안에서 행한다 함을
듣는 것보다 더 기쁜 일이 없도다
_ 요한3서 1:4

요즘은 맞벌이 가정이 많습니다. 그 가운데 자녀 양육에 대한 갈등이 있습니다. 자녀 양육은 엄마가 전적으로 도맡아야 하는지 정말 그렇게 하는 것이 성경적인 엄마의 역할인지에 대해 다툼이 있습니다. 이 문제가 바로 교회 내 젊은 맞벌이 부부들의 부부싸움 1순위입니다. 자녀 양육에 있어서 엄마의 역할은 참으로 크지만 그렇다고 해서 그것을 '성경적'이라 단정하기는 어렵습니다.

엄마들이 직장을 다니는 이유도 자녀들에게 좀 더 나은 환경을 제공해 주고 싶어서입니다. 직장인 엄마들은 다른 엄마들로부터 '엄마가 집에 있어야 아이들 교육에 좋다'는 말을 들을 때마다 불편한 마음을 느낍니다. 그러다 보니 가정에 작은 문제라도 생기면 '직업여성이냐 전업주부냐' 양자택일의 문제에 직면하게 됩니다.

과연 전업주부만이 성경적일까요? 그렇지 않습니다. 주위를 둘러보면 그 두 사이를 지혜롭고 현명하게 잘 해결하는 가정들이 많습니다. 심지어 목회자 사모들 가운데서 직업을 가지신 분도 적지 않습니다. 전업주부의 역할에 대한 강조는 종교개혁 때로 거슬러 올라갑니다. 종교개혁자 루터는 당시 '독신 서약'에 대한 여러 가지 폐단을 보았습니다. 그래서 그는 하나님이 기뻐하시는 삶과 경건한 가정에 대한 생각을 성경적으로 말하기 시작했습니다. 그러면서 강조한 것이 '결혼이 소명이다'는 개념이었습니다. 그걸 잘 드러내는 그의 소논문이 바로 "수녀에서 아내로"입니다. 그 결과 수녀의 삶보다 한 가정의 아내의 삶이 훨씬 하나님이 기뻐하시는 삶이라는 개념이 형성되었습니다. 그 이후로부터 형성된 전업주부 개념이 오늘날에까지 이르렀습니다. 아이러니하게도 루터의 아내인 카타니라 폰 보라(Katharina von Bora, 1499~1552)는 맥주 양조술을 통해 루터의 사역을 지원하고 가정의 생계를 책임졌습니다.

물론 꼭 전업주부여야 할 필요는 없을지라도 자녀 양육은 여성의 몫이라는 말로 들릴 수도 있습니다. 이것 역시도 그렇지 않습니다. 소위 전업주부를 '현숙한 여인'의 모델로 삼기도 하지만 잠언 31장에서의 현숙한 여인이 칭찬받는 일들을 보면 가정 살림과 가산을 관리하는 일뿐 아니라 대외적인 일까지 하고 있음을 보게 됩니다. 그렇기 때문에 반드시 남편의 수입으로 살림을 살고 자녀를 돌보는 일만 하는 것이 현숙한 여인을 가리키는 것은 아닙니다. 남자는 밖에서 일하고 여자는 안에서 살림과 자녀 양육을 도맡아 하는 분화된 모습을 성경적이라 할 수도 없습니다. 중요한 것은 그 모든 것 역시도 각각의 가정이 정하는 것입니다. 그리고 자녀 양육은 엄마의 몫이 아니라 부모의 몫입니다. 신명기 6장 7절에서 자녀를 부지런히 가르칠 책임을 오직 엄마가 아닌 부모에게 두고 있습니다.

주변의 직장인 중에서 자녀 교육을 위해 자기 삶이 없다 시피 하는 다른 엄마들을 보면 생각이 많아지는 게 사실입 니다. 엄마들을 중심으로 학업 정보가 공유되다 보니 자녀 양육은 엄마의 몫으로 맡겨져 있는 것 또한 현실입니다. 지 역이나 학교 맘까페 중심으로 정보가 공유되니 더더욱 그럴 것입니다. 직업여성으로서 다른 엄마들처럼 못 해준다는 것 으로 무슨 생각이 제일 많이 들까요? 죄책감입니다. 미안한 마음입니다. 이왕이면 내 자식이 신앙생활도 잘하면서 다니 엘처럼 명철해서 세상적으로 잘 되면 좋겠는데, 아이들 성 적 향상과 대학 진학을 위해서 다른 엄마들처럼 못 해주니 미안하다는 것입니다.

여기서 짚고 넘어가야 할 문제가 있습니다. 흔히 우리가 생각하는 하나님 나라와 의를 구하며 영광 돌리는 삶이 무엇 일까요? 자녀가 공부 잘해서 명문대 들어가는 것으로 귀결되 지 않습니까? 혹시 신앙적으로 볼 때 아쉬운 부분은 어떻습 니까? 교육에 있어서 엄마의 전문성이 뛰어나서 아이의 성적 과 학업 관리를 잘 해낸다고 하더라도 하나님이 개입하실 여지가 없다면 그건 참된 성장이 아닙니다.

여기서 하나님께서 개입하실 여지가 없다는 말은 무슨 뜻일까요? 부모는 시간적으로나 공간적으로 늘 함께하지 못합니다. 그렇기 때문에 나는 떨어져 있어도 하나님께서 가까이하실 수 있도록 믿음으로 기도하며 내어 맡기는 것입니다. 그러지 아니하고 근심과 걱정 그리고 미안한 감정으로 그 공간을 채우고 다른 엄마들에게 의지하는 것이 바로 하나님께서 개입하실 여지가 없다는 말입니다.

오늘날 모든 신앙의 부모들은 자녀 교육에 대한 걱정이 큽니다. 그 걱정만큼 하나님께 맡기시기 바랍니다. 그러할 때 걱정이 믿음으로 변화될 것입니다. 그 빈 공간을 하나님께서 개입하실 수 있는 자리로 만들어 낼 때 자녀가 더욱더 하나님의 계획하심 가운데 자라나게 되는 것입니다.

하나님께 맡기며 인내하라는 말이 아이들 공부를 방치하라는 것은 아닙니다. 반드시 혼자 하는 부분이 있어야 합니다. 하나님께서 우리를 바라보시며 인내하시듯이 부모 역시도 그러해야 합니다. 부모가 직장생활을 하더라도 자녀들의 학업 스케줄에 대해서 정확히 아실 텐데, 이 질문도 해 보겠습니다. 자녀들의 신앙 스케줄은 어떠합니까? 신앙도 관리해 주십니까? 혹시 교회에 위탁하는 것이 전부이지 않습니까? 자녀 양육이 누구의 몫이냐가 중요한 것이 아닙니다. 성경적 부모의 모습은 언약의 자녀들에게 가정에서 최우선으로 신앙 교육을 하는 것입니다. 그것이 바로 앞서 언급한 신명기에서 부모의 역할과 책임인 것입니다. 다른 부모들만큼 못 해줘서 죄책감이 드는 것보다 하나님 앞에서 자라도록 이끌지 못한 죄책감으로 우리의 마음이 아파야 할 것입니다.

자녀 양육의 문제는 누구만의 역할이 아닙니다. 부모가 함께해야 할 일입니다. 다만 그 양육의 내용을 학교 교육뿐 아니라 신앙 교육까지 늘 생각하셔서 진정 하나님의 영광을 위해 살 수 있도록 키우길 바랍니다. 우리는 완벽한 교육과 정서적 지원을 못 해줄 뿐 아니라 아이들과 늘 함께하지 못하기 때문에 하나님께 맡기며 기도해야 합니다. 반드시 하나님께서 키우시는 자녀들이 되도록 해야 할 것입니다. 그러할 때 부모가 해 줄 수 있는 것보다 더 많은 것을 하나님께서 채워주실 것입니다. 샬롬!

나눔을 위한 질문

당신은 당신의 삶의 목적을 무엇으로 삼고 있습니까?
당신은 당신이 받은 신앙 교육에 만족하십니까?

'분노 조절'을
어떻게 합니까?

반복되는 분노는 하나님께서 정죄하십니다. 죄인인 우리 자신이 하나님의 죄용서의 은혜를 망각하는 일이기 때문입니다. 주께서 우리를 용서하신 것같이 우리도 먼저 용서하고 그 위에 사랑을 더해야 합니다. 우리는 화목게 하는 일에 솔선수범하여 그리스도의 몸 된 공동체를 화목과 사랑의 공동체로 변화시켜야 합니다.

분을 내어도 죄를 짓지 말며 해가 지도록
분을 품지 말고 마귀에게 틈을 주지 말라
_ 에베소서 4:26~27

우리는 교회 생활하면서 모든 사람과 화목하고 친하게 지내지는 않습니다. 누군가는 너무나도 사랑스럽지만 또 다른 누군가는 너무나도 불편합니다. 주일에 예배드리러 갈 때마다 '오늘은 안 마주쳐야지'하는 사람이 있습니다. 교회 입구나 어느 곳에서 얼굴을 마주치게 되면 짜증이 나기도 합니다. 물론 본인 스스로 풀어야 할 문제라는 건 잘 알지만 그게 잘 안되는 것이 숙제입니다.

특별히 교회 내 갈등과 아픔은 매우 사소한 일에서 시작되기도 합니다. 한 가지 예로, 한 집사님께서 교역자에게 식사를 대접한 일이 갈등의 씨앗이 되기도 합니다. 본인 입장에서는 교회 다닌 지 오래되었지만 식사 한 번 제대로 대접을 못 한 것 같아서 자리를 빌려 감사의 마음도 전하고 기도 제목도 부탁드리는 좋은 시간을 보냈습니다. 속으로 왜 진작에 이런 자리를 마련하지 못했을까 하는 마음까지 들 정도로 너무 좋았습니다.

그런데 사건은 그다음 날 벌어졌습니다. 구역장 권사가 전화를 걸어와 버럭 화를 내었다 합니다. '자신이 왜 이 일을 여전도사를 통해 들어야 하냐고', '왜 자신에게 말 안 했냐'는 것입니다. '왜 자기를 무시하냐', '구역장을 뭐로 보길래 그렇게 행동하냐'고 화를 내는 겁니다. '그냥 식사 대접을 한 거뿐이다'고 설명했는데도 구역장 권사는 '교회에서 그렇게 행동하는 거 아니다'라며 전화를 끊었습니다.

교회 교역자들에게 식사를 대접한 일이 교회의 누군가한테 허락받거나 보고할 일은 아닙니다. 하지만 그것이 구역장 권사에게는 섭섭한 일이 될 수도 있었던 것입니다. '내가 구역장인데, 내 구역 일을 남한테 들으면 얼마나 내가 우습게 보이겠느냐'는 좋지 않은 마음이 갈등을 부추긴 것입니다. 그 일 이후에는 교회에서 만나면 인사도 안 받을 정도로 불편한 관계가 되었던 것입니다. 우리 생각에는 개인의 신앙과 예배 생활을 위해서라도 이런 일은 빨리 풀고 잊어야 한다고 생각할 수 있지만 의외로 오래도록 감정이 해소되지 않기도 합니다. 그 집사의 경우는 1년간 지속되었습니다.

우리는 이런 일을 겪을 때 '내가 그렇게까지 잘못한 일인가?', '내가 왜 이렇게까지 해야 하나?', '이 정도면 나는 내 할 일 한 거 아닌가?' 하는 생각이 들다가도 '그럴 수 있다' 하며 마음을 가라앉히곤 합니다. 그런데 문제는 그 권사가 다른 사람들한테는 천사처럼 대하는 모습이 계속 눈에 밟히기 시작한 것입니다. 그래서 점점 화가 치밀어 오르는 것입니다. 그 결과 얼굴만 봐도 화가 나는 지경에 이르게 되는 것입니다. 황당한 마음이 분노하는 마음으로 변해 버리는 것입니다.

　그분의 이름을 듣거나 얼굴을 떠올려도 마음이 불편하고 분노가 치밀어 오른다면 문제는 더 심각해지는 것입니다. 성경은 이것에 대해서 어떻게 말하고 있을까요? 잘 아시겠지만 누군가를 향해 분노하는 것은 넓은 의미에서 마음으로 살인하는 일입니다(마 5:22). 일시적인 거룩한 분노가 아니라 반복되는 감정적인 분노는 하나님께서 정죄하십니다. 그와 같은 일은 죄인인 우리 자신이 하나님의 죄용서의 은혜를 망각하는 일이기 때문입니다. 나는 용서하지 않으면서 내가 용서받길 원할 수 없는 것입니다(마 18:35). 주기도에서도 그걸 말하고 있지 않습니까? 결코 쉽지 않습니다. 하지만 하나님께서 그걸 요구하십니다.

　분노하는 것이 마음으로 살인하는 일이라고는 생각지 못할 수도 있습니다. 대부분의 사람들이 '살인'과는 아무런 상관없는 삶을 살아왔다고 자부하기 때문에 충격 받기도 합니다. 하지만 분노는 마음으로 살인하는 것입니다. 또한 누군가를 증오하고 분노하는 일은 이웃사랑과 정반대의 일입니다. 무엇보다 말씀이 예배의 자리로 나아가는 우리에게 요구하는 것은 마음에 거리끼는 것이 있다면 '먼저 가서 형제와 화목하라'(마 5:24)입니다. 주께서 우리를 용서하신 것같이 우리도 먼저 용서하고 그 위에 사랑을 더해야 합니다(골 3:13~14).

쉽지 않습니다. 하나님께서 우리에게 요구하는 말씀이 쉽다면 누가 죄를 범하고 누가 하나님을 실망시키겠습니까. 어렵지만 그럼에도 불구하고 하나님께서 원하시는 바이니 순종해야 하는 것입니다. 다시 이웃 사랑으로 하나님 사랑을 실천해야 합니다. 감정적으로 힘들 수 있습니다. 하지만 이 질문들을 기억하시기를 바랍니다. '하나님께서 내가 분노하는 마음을 가지고 용서하지 못하는 마음을 가지고 드리는 예배를 받으실까?', '내가 용서하지 않으면 하나님께서도 나를 용서하지 않으신다고 하는데 죄 용서함 없이 어떻게 은혜의 방편으로써 말씀의 은혜가 나에게 주어질까?', '또 다른 은혜의 방편인 성찬 가운데 베풀어지는 은혜 역시도 나에게 주어질까?', '그리스도 안에서 한 몸이어야 하는데 내가 분노하고 내가 미워하고 내가 인정할 수 없는 사람과 어떻게 한 몸을 이룰 수 있을까?' 이 질문들을 떠올리기를 바랍니다. 누군가를 용서하지 못하고 분노하는 상태는 예배의 의미와 성찬의 의미를 무시하는 행위입니다. 성경의 가르침과 반대되는 행위입니다. 그러니 이 문제를 깊이 고민하기를 바랍니다. 결국 본인 손해입니다. 본인의 신앙을 위해서 다시 한

번 더 용서를 구하고 자신도 용서해야 합니다. 화목게 되는 일에 먼저 힘써서 더 이상 마음으로 살인하지 마시고 서로 용서하고 화목하고 사랑하는 몸 된 지체가 되길 바랍니다. 힘내십시오. 샬롬!

나눔을 위한 질문

당신은 지금 미워하는 사람이 있습니까?
당신은 어디까지 용서해 보았습니까?

자살해도
구원 받습니까?

자살은 하나님께 생명의 주권이 있음을 거부하는 행위입니다. 우리는 자살을 정당화하거나 미화해서는 안 됩니다. 참된 신자는 시험에 의해 일시적으로 타락하거나 심각한 죄를 범할 수는 있어도 최종적으로 은혜 안으로 돌이키게 됩니다. 성령님께서 우리로 참된 믿음 안에서 견디고 이기게 하십니다.

무리와 제자들을 불러 이르시되 누구든지
나를 따라오려거든 자기를 부인하고
자기 십자가를 지고 나를 따를 것이니라
_ 마가복음 8:34

우리는 교회 내 누군가가 혹은 그 가족의 자살 소식을 접할 때가 있습니다. 그리고 조용히 치러지는 장례식을 참석하면 여러 가지 생각이 드는 것이 사실입니다. 하지만 간혹 위로 예배 설교 가운데 훗날 천국에서 다시 만날 것이라는 말씀을 들으면 '자살해도 천국 갈 수 있구나' 하는 생각이 들곤 합니다.

자살과 구원의 문제는 참으로 예민한 주제입니다. 자살해도 천국 간다는 구절이 있을까요? 없습니다. 자살하면 지옥을 가거나 반대로 자살해도 천국을 간다는 것을 정확하게 나타내는 성경 구절은 없습니다.

살인의 관점에서 보면 어떻습니까? 살인해도 회개한다면 천국 갈 수 있는 것 아닙니까? 성경 인물들 가운데 살인을 저지른 사람들도 있지 않습니까? 타살과 자살 둘 다 생명을 앗아가는 커다란 죄라는 점에는 동일하지만 분명한 차이가 존재합니다. 그것은 바로 기회입니다. 즉 전자는 회개하고 뉘우칠 기회가 여전히 있다면 후자는 없습니다. 자살은 회개치 못할 죄입니다.

하지만 우리가 믿을 때 우리의 모든 죄가 다 용서 받지 않았습니까? 그리고 대부분의 사람들이 자신들이 지은 죄를 다 회개하지 못하고 죽지 않을까요? 이 역시 맞는 말입니다. 날마다 죄를 향해 기울어져 가는 우리의 본성으로 말미암아 우리에게는 회개치 않은 죄들이 많이 남아 있습니다. 그럼에도 불구하고 우리는 기억할 수 없는 모든 죄까지도 용서를 구하고자 하는 마음 자세를 끝까지 견지하지 않습니까? 진정 중생한 그리스도인이라면 성화의 여정 가운데 믿음과 더불어 반복된 회개의 모습을 반드시 보여야 합니다. 회개가 구원의 필수 조건은 아니지만 구원받은 자의 삶에서 반드시 보여야 하는 모습임은 틀림없습니다.

설령 회개치 못했다 하더라도 하나님께서 부르신 자라면 하나님의 사랑에서 끊어지지 않는 건 분명한 사실입니다. 만약 하나님께서 구원하시기로 택하신 자라면 그가 예정된 자라면 그는 사망이나 생명이나 그 어떤 피조물이라도 우리 주 그리스도 예수 안에 있는 하나님의 사랑에서 끊어지지 않습니다(롬 8:38~39).

그렇다면 자살해도 그 사랑에서 끊어지지 않는다고 말할 수 있을까요? 그렇지 않습니다. 로마서 8장의 가르침은 그 어떠한 것이라도 하나님의 사랑과 구원에서 끊어내지 못함을 분명히 말하고 있지만 이 극단적인 상황은 주를 위한 삶을 향한 외부로부터의 위협을 의미하는 것이지 자살을 포함하여 말하는 것은 아닙니다.

참된 신자는 하나님의 사랑에서 끊어지지 않는다고 할 때 자살한 사람은 하나님의 구원으로 예정된 자라는 것에 있어서 부정적이라는 말씀일까요? 그렇습니다. 그리스도인은 자기를 부인한 자(막 8:34)이지 않습니까? 자기를 부인한 그리스도인이 스스로 살고 죽을 권리를 가진다는 것이 성경의 가르침과 일치할까요? 그리스도인은 하나님을 진정 자신의 주님으로 고백하는 자로서 자기 생명이 자기 것이 아님을 인정하고 주께 바쳐진 삶을 사는 자들입니다. 이제 우리가 사는 것은 우리 안에 그리스도께서 사는 것이고(갈 2:20) 그를 믿는 믿음 안에서 사는 것이지 않습니까? 그러니 진정 거듭난 자라면 값으로 산 바 된 몸을 스스로 끊을 수 없다는 결론에 이르게 되는 것입니다.

우리가 성령님이 중생케 하시는 은혜로 믿을 때 그리스도 안에서 하나님의 소유가 됩니다. 하지만 자살은 하나님께 생명의 주권이 있음을 거부하는 행위가 됩니다. 그 어떠한 불안과 고통 속에서도 참된 신자라면 참으로 중생한 성도라면 내주하시는 성령님의 도움으로 인내하면서 하나님을 영화롭게 하고 즐거워하는 일을 추구하게 되고 살고 죽는 모든 일에 있어서 참된 위로를 하나님으로부터 찾게 되는 것입니다. 약속의 성령님으로 인치심을 받았다는 말이 바로 하나님께서 성령님을 통해 믿는 자의 소유주요 보호자가 되심을 보증하시는 것입니다.

물론 신자라 할지라도 감당할 수 없는 고난 속에서 죽고 싶은 충동이 들기도 합니다. '차라리 죽었으면 좋겠다'는 생각이 들기도 하고 실제 자살 충동이 들기도 합니다. 하지만 자살 충동을 느낀 모든 사람이 다 자살을 결행하지 않습니다. 오히려 우리 속에 역사하시는 성령님을 통해 우리는 다시금 하나님의 도움과 은혜를 붙들게 되어 있습니다.

참된 신자는 시험에 의해 일시적으로 타락하거나 심각한 죄를 범할 수는 있어도 최종적으로 은혜 안으로 돌이키게 됩니다. 성도는 견인케 됩니다. 성도의 견인이란 한번 믿은 사람 혹은 한번 구원받은 사람은 끝까지 구원받는다는 의미와 더불어서 참으로 믿어 구원받은 사람은 어떠한 고통 속에서도 끝까지 인내한다는 의미입니다. 핵심은 인내하는 것인데 인내케 하시는 분이 바로 성령님이라는 데 있습니다. 성령님께서 끝까지 인내케 하사 인간의 제일 된 목적을 실천할 수 있도록 인도하실 것입니다. 우리는 유가족들의 상처를 살피고 기도하고 위로하는 일에 보다 적극적이어야 하지만 동시에 자살을 정당화하거나 미화해서는 안 될 것입니다. 우리를 향한 하나님의 목적과 계획이 있음을 다시 가르치는 것이 자살을 방지하는 하나의 방편이 되지 않을까 생각합니다. 샬롬!

나눔을 위한 질문

당신은 자살 충동을 느낀 적 있으십니까?
당신은 지인의 자살을 경험한 적 있으십니까?

구원의 확신 없으면
구원 못 받습니까?

그럴 수도 있고 아닐 수도 있습니다. 왜냐하면 구원에 대한 불확실성이 우리가 구원받지 못했다거나 상실했다는 것을 의미하지 않기 때문입니다. 구원은 내 생각과 감정에 달린 것이 아니라 오직 하나님께 달린 것입니다. 나의 믿는 행위나 성향에 있는 것이 아니라 믿음의 대상인 오직 그리스도께 있는 것입니다. 오직 하나님께 있습니다.

내가 진실로 진실로 너희에게 이르노니 내 말을 듣고
또 나 보내신 이를 믿는 자는 영생을 얻었고 심판에 이르지
아니하나니 사망에서 생명으로 옮겼느니라
_ 요한복음 5:24

구원의 확신이 없으면 구원받을 수 없을까요? 그럴 수도 있고 아닐 수도 있습니다. 그럴 수도 있다는 말은 무엇일까요? 우리가 예수님을 믿는다고 할 때, 바로 그 믿는 이유 때문입니다. 우리가 예수님을 믿는다는 것은 무엇을 믿는 것입니까? 예수님께서 우리를 죄와 사망에서 구원하여 의와 생명으로 인도하실 것을 믿는 것입니다. 그런데 그 구원에 대한 확신이 없다면 믿음의 목적과 이유가 불확실하다는 것이니 참된 믿음이라 할 수 없을 것입니다.

또한 구원의 확신은 참된 믿음의 표현이 아닐 수도 있습니다. 구원에 대한 불확실성이 우리가 구원받지 못했다거나 상실했다는 것을 의미하지 않기 때문입니다. 구원은 내 생각과 감정에 달린 것이 아니라 오직 하나님께 달린 것이기 때문입니다. 그리고 우리가 항상 성령 충만하지 않기 때문입니다. 우리는 유혹과 시험에 자유롭지도 못하고 영적으로 나태해져 신앙의 침체기에 빠지기도 합니다. 죄 된 본성 가운데 날마다 죄를 더하는 존재인 우리가 스스로 늘 온전한 신앙을 유지하는 것은 쉽지 않습니다. 바로 그러할 때 구원에 대한 확신이 약화하거나 의심이 생길 수도 있는 것입니다.

우리 역시도 '내가 이렇게 살아도 천국 갈 수 있을까?' 하는 불안감이 종종 들기도 합니다. 그 불안감이 들었다고 해서 그 사람이 믿음이 없다거나 믿음을 상실했다거나 말할 수 없습니다. 영적 침체에 빠진 사람들이 다시 회복되고 다시 신앙의 열매를 맺는 경우가 많이 있습니다. 다시금 구원을 향한 믿음과 확신을 굳건히 다지는 것입니다.

그렇다면 자신이 특별한 체험을 했기 때문에 구원에 대한 확신이 분명히 있다고 말하는 사람들은 어떻게 봐야 할까요? 참으로 어려운 부분입니다. 특별한 체험은 그 사람 개인의 경험이고 그것에 대한 자기 판단이기 때문입니다. 그러니 우리가 왈가왈부하기 힘듭니다. 분명한 것은 체험 유무와 구원의 확신은 별개의 문제로 봐야 하는 것입니다. 처음으로 예수님을 영접한 사람 중에서는 구원의 감격적 체험 속에 뜨겁게 감사의 찬송과 기도를 하는 모습을 보이기도 합니다. 하지만 시간이 흘러 뜨거움이 식기도 하고 감격적 경험 자체를 잊어버리기도 하지 않습니까? 오히려 구원의 확신은 믿음과 의심을 반복하는 과정에서 가지게 되는 것입니다. 구원의 확신은 즉흥적으로 올 수도 있지만 오랜 시간을 통해 견고한 확신으로 오기도 합니다. 『웨스트민스터 신앙고백』 18:3도 참 신자의 확신은 많은 난관 이후에 얻게 되는 것이라고 말하고 있습니다.

특별한 체험을 한 사람들은 구원의 확신이 너무나도 분

명하기에 우리가 그런 신비롭고 특별한 체험을 추구하는 게 좋은 건 아닐까요? 그렇지도 않습니다. 굳이 따로 추구할 필요는 없습니다. 그것이 무용하다는 말이 아닙니다. 굳이 추구할 필요는 없다는 말입니다. 하나님께서 이미 성령님 안에서 특별한 방편들을 통해 우리에게 구원의 확신에 도달하게 하시기 때문입니다. 그것이 바로 은혜의 방편들입니다. 은혜의 방편인 말씀 선포와 세례와 성찬, 기도입니다. 이 은혜의 방편들을 통해서 우리의 믿음과 구원의 확신을 점검하기 때문입니다. 이 은혜 가운데 열심히 신앙의 삶을 산다면 구원의 확신은 더더욱 견고해질 것입니다. 매주일 새로운 은혜가 우리 신앙의 삶과 구원의 확신을 점검하는 것입니다.

수련회나 집회나 부흥회 때 감정적으로 호소하며 구원의 확신을 강요하듯이 요구하는 경우들도 많습니다. 하지만 구원의 확신을 억지로 강요하는 것은 율법주의와 다르지 않습니다. 오히려 강요보다는 체계적인 가르침이 더 중요합니다. 우리는 구원이 무엇인지 구원받는 참된 믿음이 무엇인지 그리고 구원의 확신의 중요성을 먼저 가르쳐야 할 것입니다. 하나님께서는 일생의 특별한 체험뿐 아니라 주일 예배의 은혜의 방편과 성경 공부 등을 통해 구원의 확신을 견고하게 하십니다.

우리부터라도 구원에 대한 불안감을 매주 은혜의 방편으로 제거하고 구원의 확신이 주는 평강 속에 살도록 노력해야 할 것입니다. 하나님께서 매주 그 은혜의 방편으로 우리를 초대하십니다. 우리를 예배로 부르시는 하나님께서 우리로 먼저 죄를 깨우치게 하사 죄 용서의 은혜를 베푸십니다. 그리고 말씀과 성례와 기도를 통해 세상으로 나아갈 우리의 구원이 시험과 유혹에 흔들리지 않도록 무장케 하십니다. 바로 예배를 통해 매주 우리의 구원을 확인하고 그 은혜에 감사하는 것입니다.

그리스도인이 된 우리의 삶은 '이미'와 '아직 아니'의 사이에 놓인 삶입니다. 우리는 그리스도를 믿음으로 인해 이미 구원받았지만 아직 구원이 완성된 것은 아니기 때문입니다. 그 긴장 가운데 우리의 믿음이 있는 것입니다. 이 믿음으로 말미암은 구원의 능력은 하나님에 대한 지식이 많거나 개인적인 경험이 많음에 있지 않습니다. 나의 믿는 행위나 성향에 있는 것이 아니라 믿음의 대상인 오직 그리스도께 있는 것입니다. 오직 하나님께 있습니다. 그 어떠한 것들이 우리의 신앙과 구원의 확신을 의심케 한다고 하더라도 그 시험, 죄악, 의심, 불안 등이 우리의 구원을 앗아갈 수 없습니다. 우리는 그리스도 안에서 이미 구원함을 얻었기 때문입니다. 그리고 마지막 날에 모든 믿는 자들에게 최종적 구원을 반드시 주실 것이기 때문입니다. 우리의 구원은 오직 하나님 안에서 확실함을 믿으시길 바랍니다. 샬롬!

나눔을 위한 질문

당신은 언제부터 예수 그리스도를 당신의 구주로 믿기 시작했습니까?
당신은 구원의 확신이 있으십니까?

고인의 명복을
빌면 안 됩니까?

그것은 가능하지도 않고 참된 위로도 되지 않습니다.
고인에게 그 어떠한 변화도 일어나지 않기 때문입니
다. 그와 같은 기도는 공허한 기도가 될 것이며 헛된
믿음만 심어주게 될 것입니다. 우리는 오직 살아 있는
자들을 위로하고 그들을 복음으로 인도해야 합니다.

한번 죽는 것은 사람에게 정해진 것이요
그 후에는 심판이 있으리니
– 히브리서 9:27

우리는 장례식에서 다양한 경험을 하게 됩니다. 한번은 위로 예배 후에 작은 소란을 겪었습니다. 유가족 중에 한 분이 화환 리본을 가져와서는 '삼가 고인의 명복을 빕니다'가 안 보이냐며 목사님이 장례식에 와서 성경 말씀 전하는 것은 좋지만 그렇다 할지라도 죽은 사람을 위한 기도나 복을 비는 말 한마디 없을 수 있냐고 분통을 터트린 것입니다. 돌아가신 아버지가 좋은 곳으로 갈 수 있도록 죽은 이후에는 더 이상 고통당하지 않도록 비는 기도를 해 줄 수 있는 거 아니냐고 따진 것입니다.

다른 종교들은 고인의 명복을 빌어주고 좋은 곳을 갈 수 있도록 의식을 행하는데 그런 기본적인 것도 안 할 거면서 뭐 하러 예배는 드리냐고 화를 낸 것입니다. 이 말이 맞는 것일까요? 맞지 않습니다. 우리는 죽은 자를 위해 기도하지 않습니다. 종교개혁자 존 칼빈(John Calvin, 1509~1564)도 죽은 자를 위한 기도는 중세 1,000년이 넘는 기간 동안 교회가 지켜온 비성경적인 관습이라고 비판하였습니다.

중세교회는 사람의 영원한 삶에 대한 희망으로 죽은 자를 위해 기도했습니다. 구체적으로 말하면 그들의 사후세계에 대한 교리 때문입니다. 중세교회는 대죄를 범하면 지옥으로 직행한다고 하더라도 소죄를 범하면 '연옥'에 간다고 가르쳤습니다. 죽은 사람들은 살아 있는 사람들처럼 회개하여 구원받을 기회와 희망이 없다는 사실을 그들도 인정하기에 무능력한 그들 역시도 하나님 안에서 영원한 삶을 누릴 희망의 여지를 두는 것입니다. 그 여지가 바로 산 자들의 기도입니다. 그 기도에 힘입어 연옥에서 고통당하는 죽은 자들이 천국으로 옮겨진다고 믿는 것입니다. 연옥 역시 비성경적인 교리입니다. 연옥은 성경에 근거하지 않은 로마가톨릭교회의 교리입니다. 로마가톨릭교회는 신자들이 연옥에서 고통당할 것이라는 안타까움 때문에 죽은 가족들을 위해 기도한 것입니다.

그렇다면 그 기도가 어떻게 죽은 사람에게 영향을 줄 수 있을까요? 그것이 바로 로마가톨릭교회의 '추가 공로설'입니다. 공로를 타인에게 나눠줄 수 있다는 개념입니다. 죽은 자들에게 공로를 나눠줘서 연옥에서의 고통스러운 연단 기간을 감소시킬 수 있다고 가르치고 믿는 것입니다. 그래서 연옥에 있는 죽은 자를 위한 기도나 헌금을 중시 여겼던 것입니다. 하지만 그 어떠한 개념도 성경에 기초하지 않은 비성경적 전통이라 할 수 있습니다.

우리는 죽은 자를 위한 기도를 그냥 목회적 차원에서 가볍게 생각할 수 없습니다. 그렇게 기도해 주면 더 위로될 것

같지만 결코 그렇지 않습니다. 두 가지 차원에서 결코 가볍게 볼 수 없습니다. 하나는 구원은 오직 자기 믿음으로 이루어지는 것입니다. 다른 사람의 기도와 공덕으로 구원받는다면 오직 믿음에 의한 구원 교리와 충돌을 일으킬 것입니다. 다른 하나는 하나님의 심판 역시도 그 사람의 믿음 여부에 의해 이루어지는 것입니다. 요한복음 3장에서 믿지 않는 자는 벌써 심판받았다고 하듯이 유가족들이나 후손들의 기도로 죽은 불신자가 하나님의 은혜를 받게 된다면 하나님의 심판과 정죄 개념과 충돌하게 됩니다.

신앙의 유가족이 원한다고 하더라도 그것은 가능하지도 않고 참된 위로가 되지 않습니다. 헛된 믿음만 심어주는 것이기 때문입니다. 그뿐만 아니라 하나님께 올려드리는 기도를 통해 고인에게 그 어떠한 변화도 일어나지 않는다면 공허한 기도가 될 것입니다. 분명히 말씀드립니다만 사람은 죽은 그 시점에 참된 믿음 여부로 인해 천국과 지옥으로 즉시 가게 됩니다. 목회적 차원에서도 죽은 분을 위한 어떠한 것도 해줄 수가 없습니다. 어떠한 신분 상승이나 변화가 일어나지 않기 때문입니다. 기도한다고 해서 지옥 가신 분이 천국을 갈 수도 없고 기도한다고 해서 천국 가신 분이 더 큰 상급을 받아 누릴 수도 없습니다. 부자와 거지 나사로 비유(눅

16:19~31)에서 알 수 있듯이 죽은 후 불신자의 구원 가능성은 철저히 거부되는 것입니다. 구원에 이르는 참된 믿음은 오직 들음으로 말미암는 것이고 그 들음은 사람이 살아있는 상태에서 일어나는 일이기 때문입니다.

그렇다면 장례 예배 자체가 불신 유가족들에게 전혀 위로가 안 되는 것 아닐까요? 아닙니다. 고인이 신자였다면 더 이상 아픔과 슬픔과 고통이 없는 천국에서 영원한 복락을 이미 누리고 계심을 선언하여 위로의 말을 전할 수 있습니다. 고인이 불신자였다면 조심스러운 것이 사실입니다. 하지만 선포된 복음을 통해 유가족들이 참된 위로의 말씀을 듣게 되는 유익이 있습니다. 그렇기 때문에 장례식장에서 복음이 원색적으로 설교 되는 것입니다. 사실 죽음이란 죄와의 이별 혹은 단절이지 않습니까? 성도에게 있어서 죽음이란 이 세상 사는 동안의 모든 안 좋은 것들과의 이별입니다. 그럼에도 불구하고 슬픔이 가득한 이유는 더 이상 함께 하지 못한다는 아픔 때문입니다. 그래서 장례식 말씀은 원색적인 복음 설교에 집중하되 유가족들의 위로를 목적으로 하는 것입니다.

이후에 신앙의 유가족들이 추모예배로 모일 때에도 조상숭배가 아닌 믿음의 가정에 대한 감사의 시간으로 삼아야 할 것입니다. 고인을 위해 기도를 한다거나 고인의 복된 삶을 간구한다거나 고인을 통해 남아 있는 가족들에게 복이 임할 것을 바라는 시간이 되면 안 됩니다. 추모예배는 고인을 위한 자리가 아니라 유가족들을 위한 자리여야 하는 것입니다. 고인의 신앙 여정을 되새기며 우리 삶에 모범을 찾을 뿐입니다. 그리고 그와 같은 삶을 살게 하신 하나님께 감사하는 것입니다.

생명과 죽음의 주권자가 하나님께서 한자리에 모인 가족 모두에게도 동일한 주권자이심을 기억하며 부활의 약속과 복음적 소망을 가지는 기회로 삼는 것이 정말로 중요합니다. 샬롬!

나눔을 위한 질문

당신은 장례식장에서 무엇을 위해 기도하십니까?
당신은 유가족에게 어떠한 말로 위로하십니까?

왜 장례식 때
여러 번 예배를 드립니까?

여러 번의 예배를 드리는 이유는 신자의 장례식에 미신적이고 비성경적이 요소들이 침투하지 않도록 하기 위해서입니다. 하지만 교회의 장례 문화에 따라 혹은 유가족들의 상황에 따라 변경해서 시행하면 됩니다. 예배의 주된 목적은 주 안에서 믿음의 가족이 당한 슬픔을 참 형제와 자매로서 위로하는 것입니다.

**우리의 모든 환난 중에서 우리를 위로하사 우리로 하여금
하나님께 받는 위로로써 모든 환난 중에 있는 자들을
능히 위로하게 하시는 이시로다
_ 고린도후서 1:4**

교회가 행하는 여러 가지 일들 가운데 장례식이 차지하는 비중은 결코 작지 않습니다. 교인의 가족 중 누군가가 소천 하였을 때 가족들이 출석하는 교회들이 와서 장례식 예배를 드리는데 그때 불신 가족들이나 친지들은 '도대체 예배를 몇 번이나 드려야 하냐고?' 불평하기도 합니다. 고인이 출석한 교회에서 입관, 발인, 하관 예배를 인도하게 되고 가족별로 출석하는 교회마다 예배를 드리게 된다면 어림잡아 7~8번 예배를 드리게 되니 불신 가족들 입장에서는 많다고 생각할 수 있습니다.

위로하는 입장에서는 한 번의 예배가 될 수 있지만 유가족이 되어 치르게 된다면 반복되어 드려지는 예배를 경험하게 됩니다. 그중 많이 하는 질문 중 하나가 바로 '왜 장례식 때 임종, 위로, 입관, 발인, 하관 예배와 같이 여러 번의 예배를 드려야 합니까?'입니다.

교회가 임종부터 하관 예배에 이르기까지 예배를 드리는 것은 흔히 유교적 관습을 따른 것으로 말하곤 합니다. 왜 유교적 관습을 따를까요? 그 이유는 바로 유교적 관습에 의해서 신자의 장례식에 미신적이고 비성경적이 요소들이 침투하지 않도록 하기 위해서입니다. 기독교 국가가 아닌 우리나라에서는 유불교 문화 가운데 장례식을 치러왔기 때문입니다. 그렇다고 해서 반드시 여러 차례의 예배를 드려야 하는 것은 아닙니다. 교회의 장례 문화에 따라 혹은 유가족들의 상황에 따라 변경해서 시행하면 됩니다.

횟수보다 더 궁금한 것은 '왜 예배를 드리느냐' 라는 질문일 것입니다. 엄밀히 말해서 교인의 장례식은 주일 예배와 같이 교회의 공적인 예배가 아닙니다. 그렇기 때문에 당회의 허락이나 결정 없이 유가족의 연락을 받은 즉시 위로의 일을 행하는 것입니다. 주 안에서 믿음의 가족이 당한 슬픔을 참형제와 자매로서 위로하는 것입니다.

형식적으로는 주일 예배 순서와 다를 바가 없습니다. 대부분 약식으로 한다고 하더라도 주일 공예배 순서와 별반 다르지 않은 건 사실입니다. 하지만 주일 공예배 설교라기보다는 위로와 권면에 집중된 교훈을 전하는 것입니다. 고인의 신앙생활을 추억하며 나눈다고 하더라도 고인을 찬양하거나 고인이 영광을 받는 설교를 하지는 않습니다. 해서도 안 됩니다. 오히려 그와 같은 삶을 인도하신 하나님의 은혜를 찬송하고 오직 하나님만 영광 받도록 설교해야 합니다. 그리고 유가족에게는 진정한 하나님의 위로를 전하는 것입니다.

만약 고인이 성도가 아니라면 어떤 메시지를 전해야 할까요? 만약 고인이 불신자인 경우에는 설교 가운데 천국을 향한 일말의 소망도 언급해서는 안 될 것입니다. 그리고 불신 가족들에게는 죽음의 의미와 죽음 이후의 세계에 대해 분명히 전하며 복음 전도의 기회로 삼아야 합니다. 장례식 예배는 죽은 자를 위한 것이 아니라 살아 있는 자를 위한 것이기 때문입니다.

그렇다면 기독교 예식으로 한다고 할 때 먼저 헌화하는데 왜 꽃을 놓을까요? 헌화하는 것은 유교 문화의 장례식에서 나타나는 곡이나 아침저녁으로 올리는 음식이나 촛불이나 향을 대체하는 것입니다. 또한 헌화하고 영정사진 앞에서 기도하는데 고인을 위해 기도하는 것이 아니라면 사진 앞에 서서 무엇을 위해 기도해야 할까요? 죽은 고인을 위해서 기도하는 것은 미신적인 것입니다. 생전에 고인에게 베푸신 하나님의 은혜에 감사하고 유가족들을 위해서 위로의 기도를 하는 것입니다.

그리고 입관 예배 때 고인이 평생 사용하신 성경책이나 물품을 관에 넣기도 합니다. 이런 건 넣지 않는 것이 좋지만 유가족의 마음을 위해서 그냥 허용하기도 합니다. 관 속에 넣는 물품인 '부장품'은 고인이 사후에 필요할 것이라고 여겨지는 물품을 넣는 문화인데 우리는 부장품 문화를 지양합니다. 오히려 가족들이 신앙의 유품으로 간직하고 보관하는 것이 더 낫습니다. 이후에 추모예배 때 사용하는 것이 더 좋습니다. 고인의 신앙의 물품들이 유가족들에게 신앙적 교훈이 될 수 있기 때문입니다. 추모예배 때도 주의할 것이 있습니다. 온 가족이 모여 추모예배를 드리는 것은 고인을 위해서 드리는 것이 아니라는 사실입니다. 고인의 살아계실 때 신앙생활을 나누고 하나님의 은혜를 나누며 그 삶을 본받기를 결의하는 시간이어야 합니다.

한 번 죽는 것은 생명의 원리입니다(히 9:27). 그리고 그 죽음 이후 육체와 분리된 영혼은 천국과 지옥으로 직행하게 됩니다. 우리의 영혼은 죽어서 일정 기간 동안 이 세상 어딘가 혹은 우리 주위를 배회하거나 우리의 영혼이 수면 상태에 이르러 회복의 때를 기다리거나 죽은 육체를 떠나지 못하는 불완전한 상태가 되거나 죽어서 천국 가기 전 연옥에 가지도 않습니다.

『하이델베르크 요리문답』 제57문답은 "몸의 부활이 당신에게 주는 유익은 무엇입니까?"라고 질문하고 그에 대한 답변으로 "이 생명이 끝나는 즉시 나의 영혼은 머리 되신 그리스도께로 갈 뿐 아니라 나의 몸도 그리스도의 능력으로 일으킴을 받아 다시 나의 영혼과 결합하여 그리스도의 영화로운 몸과 같이 될 것입니다."라고 말하고 있습니다. 『웨스트민스터 신앙고백』 32장은 "사후에 사람의 몸은 티끌로 돌아가 썩지만 그들의 영혼은 죽거나 자는 것이 아니라 불멸의 존재이기 때문에 그것을 주신 하나님께 즉각 돌아간다. 의인들의 영혼은 거룩하여 완전하여졌기 때문에 지극히 높은 하늘로 영접함을 받아 그곳에서 몸의 완전한 구속을 기다리면서 빛과 영광중에 계시는 하나님의 얼굴을 뵙는다."고 말하고 있습니다. 다시 말해, 죽음 이후 우리의 영혼에게 천국과 지옥 외에 제3의 장소가 허락되지 않으며 특별히 신자의 경우는 영화로운 부활을 기다리는 것입니다.

우리가 드리는 모든 장례 예배는 고인이 천국이나 지옥으로 이미 가 계신 시점에서 유가족들을 위해서 드리는 것입니다. 장례예배는 그리스도 안에서 지체된 유가족 성도의 아픔과 슬픔을 위로하는 사랑의 실천입니다. 그런 의미에서 인간적인 감정과 생각 혹은 비성경적인 말들로 슬픔에 잠식되지 않도록 말씀으로 참된 위로를 전하는 것입니다. 샬롬!

나눔을 위한 질문

당신은 장례식 예배 때 겪은 특별한 경험이 있습니까?
당신이 생각하는 개혁되어야 할 교회의 장례문화는 무엇이 있습니까?

친구가 동성애자인데
어떻게 해야 합니까?

동성애는 죄입니다. 하지만 동성애자가 교회에 들어오려거나 동성애 신자가 교회에 머물러 있으려고 한다면 교회는 기본적으로 이들을 환영하고 이들과의 교제를 끊어서는 안 될 것입니다. 혐오나 분리의 대상으로 보지 말고 오히려 전도와 사랑의 대상으로 봐야 합니다. 정죄하여 내처 버리는 것이 아니라 복음을 통해 동성애가 죄인 것을 깨닫게 해줘야 합니다.

누구든지 여인과 동침하듯 남자와 동침하면
둘 다 가증한 일을 행함인즉 반드시 죽일지니
자기의 피가 자기에게로 돌아가리라
_ 레위기 20:13

동성애는 한국 교회가 매우 예민하게 다루고 있는 주제입니다. 한 청년이 자기가 전도해서 세례까지 받게 한 친구가 동성애자라는 사실을 알게 되었을 때 자신이 어떻게 해야 할지 모르겠다고 고민을 털어놓은 적이 있습니다.

　그 청년은 전도 된 친구가 자신은 동성애자라고 직접 말해 줌으로 그 사실을 알게 되었습니다. 교회에서 동성애 관련해서 광고도 하고 특강도 하니 그 친구가 자기 나름대로 속앓이했던 것이 커밍아웃(Coming out)의 이유였습니다. 다른 사람들은 못 믿으니 자기를 전도한 친구한테는 솔직히 털어놓았던 것입니다.

　'나는 고등학생 때부터 동성애자임을 인지했고 그것 때문에 지금까지 힘들었다… 너로 인해 교회 나오게 되면서 너무 좋았는데… 최근 들어서는 더 혼란스럽고 힘들어서 교회를 그만 다닐까 하고 고민 중에 있다.'

　우리는 가까운 사람뿐 아니라 알고만 있는 사람이라 하더라도 그 사람이 동성애자라고 할 때 그 사실 자체로 받는 충격이 작지 않습니다. 놀란 나머지 순간 눈을 쳐다보지 못할 수도 있고 말을 잇지 못할 수도 있습니다. 그 청년이 동성애자 친구에게서 들었던 말은 '미안해하지 않아도 된다, 이런 반응 익숙하다'였습니다. 그러면서 오히려 부탁 하나를 듣게 되었습니다. '자기는 현재 교회가 너무 좋은데 자신과 같은 동성애자들은 교회에 속하면 안 되는 사람처럼 계속 느껴져서 교회를 그만 나와야겠다는 결심에 이르렀기에 아무 말 없이 떠날 테니 이해해 달라'는 말이었습니다.

우리는 우리가 전도한 사람이 동성애자이고 그 친구가 교회를 그만 다니게 된다면 그 마음이 참으로 편치 않을 것입니다. 우리는 이런 말을 듣곤 합니다. '동성애자는 교회 다니면 안 되느냐? 왜 교회는 동성애자들을 악마화하느냐'입니다. 동성애 관련해서 상담을 몇 차례 해 봤을 때 교회의 정서가 매우 민감할 뿐 아니라 매우 복합적인 요소가 섞여 있어서 쉽지 않습니다.

먼저 이 질문부터 다루고자 합니다. 왜 동성애자가 되는 걸까요? 도대체 원인이 뭘까요? 동성애자가 되는 원인으로는 보통 생물학적인 요소와 심리사회학적인 요소로 설명하는데 태어날 때부터 이미 그렇게 태어났다는 선천성 주장도 있고 자라면서 동성을 좋아하는 성향이 형성되었다는 후천성 주장이 있습니다. 그런데 그 어느 것도 결정적인 원인으로 인정받지는 못합니다.

그래도 성경은 동성애를 정죄하지 않습니까? 네. 그렇기 때문에 성경이 어떻게 말하느냐가 정말로 중요한 것입니다. 잘 아시다시피 소돔과 고모라의 동성애 풍습(창 19장과 삿 19장), 레위기에서 가증한 것으로의 동성애(레 18:22; 20:13), 바울 서신서 중 로마서나 고린도전서에서 동성애자에 대한 비판은 매우 강도가 높습니다. 심지어 바울은 하나님 나라의 유업을 받지 못할 자(고전 6:9~10)라고까지 말하고 있습니다. 이 모든 성경 구절에서 알 수 있듯이 동성애는 성경의 창조 질서를 위배하는 명백한 죄입니다.

그렇다면 동성애자들을 교회에서 무조건 쫓아내야 할까요? 이 부분이 제일 어려운 문제입니다. 우선적으로 이것부터 분명히 하고자 합니다. 동성애 자체는 '당사자의 문제'라는 것입니다. 그런데 동성애자를 어떻게 바라볼 것인가? 어떻게 대할 것인가는 '교회의 문제'가 되는 것입니다. 그래서 더더욱 민감한 것입니다. 고려신학대학원에서 윤리학을 가르치는 신원하 교수는 "환영하나 긍정하지 않아야."라고 말씀하셨습니다. '환영'은 뭐고, '긍정'은 뭘까요? "환영하나 긍정하지 않아야"라는 말은 이 뜻입니다.

첫째, 만약 동성애자가 교회에 들어오려거나 동성애 신자가 교회에 머물러 있으려고 하면 교회는 기본적으로 이들을 환영하고 이들과의 교제를 끊어서는 안 되는 것입니다. 혐오나 분리의 대상으로 보지 말고 오히려 전도와 사랑의 대상으로 봐야 한다는 것입니다. 이것이 '환영'입니다. 정죄하여 내처 버리는 것이 아니라 복음을 통해 동성애가 죄인 것을 깨닫게 해줘야 한다는 것입니다. 동성애는 죄라고 말해주는 것입니다. 이것이 '긍정하지 않아야'입니다.

여기서 분명한 사실은 동성애자 당사자와 교회의 역할 둘 다 중요하다는 것입니다. 동성애자는 스스로 동성애가 죄의 결과임을 인식하여 동성애 성향도 구속의 대상이라는 것을 알고 그것에서부터 벗어나고자 노력해야 합니다. 교회로부터 바른 성정체성에 대한 교육을 받아 자신에게 있는 왜곡된 성 지식을 제거하고 교정하고자 하는 적극성이 필요합니다. 그리고 교회는 그들에게 그것을 인식시키고 벗어나는 데 도움을 아끼지 않아야 합니다. 설령 문제를 알면서도 치료나 도움을 적극적으로 원하지 않는 사람도 있을 것입니다. 그렇다 할지라도 교회의 지속적인 관심과 도움은 그 사람으로 하여금 동성애 성향에서 벗어나는 데 도움이 될 것입니다. 많은 대화를 통해 문제를 명확히 파악할 수 있는 질문과 효과적으로 경청하는 자세로부터 시작하면 될 것입니다.

만약에 그들이 교회를 다니면서도 계속해서 동성애자로 남아 있고자 한다면 어떻게 해야 할까요? 염려스럽게도 변화된 모습을 보이지 않는다면 각각의 교회들은 정당한 절차를 거쳐 치리해야 할 것입니다. 교회가 환영하며 교정의 역할을 충실히 감당할 자세가 되어 있더라도 동성애자 본인이 동성애를 죄로 인정하지 않고 하나님 말씀의 권위에 순종하지 않는다면 치리해야 합니다. 개체교회들이 고민하며 권징을 실행해야 하는 부분입니다. 동성애자는 혼자서 고민하다 교회를 떠날 것이 아니라 보다 적극적으로 담당 교역자에게 말하고 지도 받아야 합니다. 교회의 도움을 통해 복음으로 회복되어야 할 것입니다. 그 회복의 역사가 일어나기를 소망합니다. 샬롬!

나눔을 위한 질문

당신은 동성애자와의 만남과 교제를 경험하신 적 있으십니까?
당신은 동성애자에게 복음을 전할 마음이 있으십니까?

불신자와 결혼을
해도 됩니까?

결코 간단히 생각해서는 안 될 문제입니다. 불신자와 연애 이후 신앙 안에서 갈등하고 힘겨워하는 청년들도 많기 때문입니다. 그리스도인에게 결혼은 언약의 자녀가 언약의 가정을 이루는 것이고, 하나님 나라의 최소 단위를 이루는 것입니다. 같은 신앙 안에서 같은 하나님을 바라보며 나아가는 것이 얼마나 복 된 삶인지를 반드시 기억하여 그 언약의 가정을 이룰 수 있도록 권면해야 합니다.

너희는 믿지 않는 자와 멍에를 함께 메지 말라
의와 불법이 어찌 함께 하며 빛과 어둠이 어찌 사귀며
_ 고린도후서 6:14

너무나도 아끼는 제자로부터 불신자와 결혼한다는 말을 들었습니다. 어찌나 속이 상하던지 그 앞에서 할 말을 잃어 버렸습니다. 불신자와의 결혼 청첩장을 받았을 때의 그 허탈함은 여전히 익숙해지지 않습니다. 제자에 대한 기대가 컸기 때문입니다.

우리는 종종 불신자와 연애하고 있거나 교제 가능성을 열어 두고 있는 청년들에게 '교회 내에도 좋은 사람 많은데 왜 교회도 다니지 않는 사람과 교제하려고 하니?'라고 묻곤 합니다. 그때 돌아오는 대답은 '교회 청년들은 어려서부터 봐왔고 그들의 과거와 현재를 다 알다 보니 이성적인 감정이 전혀 생기지 않는다' 입니다. 그리스도인 청년들이 신앙 공동체 안에서 이성 친구를 만나지 않고서 어디서 만날 것인지에 대해 말을 할 때 이성 교제와 결혼에 있어서 '신앙'이 제1순위 조건이 아닌 청년들이 의외로 많습니다. 그렇기 때문에 새겨듣지 않는 것입니다.

교회는 보는 눈도 많고 말도 많고 자신들의 연애사를 어른들이 다 알고 있는 것이 싫어서 그럴 수 있습니다. 교제하다 헤어진 교회 선배들이 교회 내에서 서로를 투명 인간 취급하거나 험담하거나 교회를 떠난다거나 하는 부정적이고 불편한 요소들이 많다 보니 그런 것도 걱정되는 게 사실입니다. 그렇다고 해서 교회 밖 불신자와 연애하고 결혼에 이르는 것은 결코 간단히 생각해서는 안 될 문제입니다. 불신자와 연애 이후 신앙 안에서 갈등하고 힘겨워하는 청년들도 많기 때문입니다.

한 여자 청년은 불신 남자 친구와 처음 교제를 시작할 때부터 두 가지 약속을 했었습니다. 하나는 자신의 신앙과 교회 생활은 일절 간섭하지 않는 것이고 다른 하나는 그 남자 청년도 교회를 다니는 것이었습니다. 교제를 시작할 때는 분명히 약속받았다고 합니다. 그런데 문제는 상견례하고 청첩장까지 찍은 이후에 나타났습니다. 남자 쪽에서 교회 가겠다는 약속은 잘 안 지키면서 가족 제사 문제를 꺼낸 것입니다. 그러면서 하는 말이 '앞으로 교회 열심히 다닐 테니 너도 우리 집안 제사에 참석해야 할 거야'였습니다.

우리는 위의 내용을 충분히 예견할 수 있습니다. 그런데 이미 상견례도 끝났고 청첩장도 나왔습니다. 이 말은 모든 준비가 다 끝났다는 말입니다. 결혼을 앞두고 제사 문제가 불거졌다는 것은 본인의 의사도 의사지만 부모 쪽에서 당연히 지켜야 하는 일로 말이 나왔을 것입니다. 신앙의 배우자를 만나도 그 배우자의 가정이 신앙이 없으면 여러 가지 어려움과 갈등을 겪게 되는데 하물며 불신자와 만났으니 신앙 안에서 자란 자신이 지금껏 전혀 고민하지 않았던 문제들을 앞으로도 계속해서 만나게 될 겁니다.

전도회만 가도 혼자 신앙생활하는 성도들이 너무 많습니다. 교회 간다고 핍박하는 배우자들도 있고 간다간다 하면서 갖은 핑계로 교회를 나오지 않은 가족들도 있고 어렸을 땐 다니다가 커서는 교회를 떠난 자녀들로 속앓이하는 전도회 식구들이 정말로 많습니다. 그게 현실입니다. 성도들은 교회에서 복음을 듣고 천국 소망을 다시 확인하게 되는데 자신의 동반자라 일컫는 배우자와 사랑하는 자녀들의 종착지가 다르니 얼마나 가슴 아프겠습니까? '언젠가 교회는 나갈게'라는 약속을 지키는 사람이 솔직히 몇 명이나 될까요? 자신의 말을 반드시 지키기 위해서 약속하는 것이라기보다는 결혼하기 위해서 지키지 않을 약속을 하는 것입니다.

그렇다면 위의 여자 청년은 어떻게 해야 할까요? 지금이라도 목사님과 의논해서 도움을 구해야 합니다. 목사님을 통해 본격적인 신앙훈련에 들어가야 합니다. 결혼 후 언젠가 지킬 약속이 아니라 결혼 전 지금 당장 실천하는 약속이 되도록 해야 합니다. 결혼 전에 최소한 같은 믿음 안에 있음은 확인해야 하지 않을까요? 최종적으로는 목사님과의 신앙훈련을 통해 가정의 제사 문제와 비신앙적 요소들을 남자 청년 스스로가 앞장서서 변화시킬 수 있도록 지도받아야 합니다.

이것이 말은 쉬워 보여도 현실적으로는 매우 어렵습니다. 그렇기 때문에 더더욱 도움을 구해야 하는 것입니다. 남편 될 사람을 데리고 목사님 앞에 앉히는 일은 여자 청년이 해야 합니다. 그래서 "오 아내여, 네가 네 남편을 구원할지 어찌 알 수 있으리요?"(고전 7:16)의 역사가 나타나길 기도하고 기대해야 합니다. 혼자서는 너무 어려운 일이지만 목사님이 돕고 교회가 사랑으로 돌보고 인내하며 기도한다면 반드시 변화가 일어날 것입니다. 결혼 후에도 지속적으로 신앙훈련을 시키면 많은 변화가 있을 겁니다.

늘 안타까워하는 부분은 청년들이 불신자와의 연애와 결혼이 쉽지 않다는 것을 들어 알면서도 '자신은 잘해 낼 것이고 다를 것이다'고 생각하는 것입니다. 그러다 힘들어지면 그제야 찾아옵니다. 시작하기 전에 함께 의논하고 기도하면 어떻게 해서든 도울 방법이 있을 텐데 문제가 터진 이후에 도움과 상담을 요청하는 것입니다. 중요한 것은 결혼을 앞둔 모든 청년은 결혼이 무엇인가에 대한 분명한 개념을 다시 정립해야 하는 것입니다. 그리스도인에게 결혼이라는 것은 그저 남녀가 사랑해서 한 가정을 이루는 것에 그치지 않습니다. 연애가 두 사람이 마주 보며 사랑하는 것이라면 결혼은 두 사람이 한 곳을 바라보며 사랑하는 것입니다. 그리스도인에게 결혼은 언약의 자녀가 언약의 가정을 이루는 것이고 하나님 나라의 최소 단위를 이루는 것입니다. 같은 신앙 안에서 같은 하나님을 바라보며 나아가는 것이 얼마나 복 된 삶인지를 반드시 기억해서 언약의 가정을 이루기 위해 최선을 다해야 합니다. 같은 곳을 바라볼 수 있도록 격려와 응원도 많이 해줘야 할 겁니다. 샬롬!

나눔을 위한 질문

당신은 불신자와 교제해 본 적 있으십니까?
당신이 생각하는 이상적인 가정은 어떤 모습입니까?

성격 차이로
이혼해도 됩니까?

결혼 유지가 더 '큰 악'이 된다면 이혼을 허용할 수 있
습니다. 하지만 그러한 판단을 내리기가 쉽지 않습니
다. 이것이 모세의 이혼증서를 오용하는 일과 다르지
않다는 비판을 피하기도 쉽지 않습니다. 우리는 성경
이 말하고 있는 이혼의 허용 사실을 적극적으로 해석
하기보다는 소극적으로 해석하고 이혼을 예방하는
차원의 성경적 가르침을 기억해야 합니다.

나는 너희에게 이르노니 누구든지 음행한 이유 없이
아내를 버리면 이는 그로 간음하게 함이요 또 누구든지
버림받은 여자에게 장가드는 자도 간음함이니라
_ 마태복음 5:32

교회 안에 이혼 문제로 교회를 떠나는 사람들이 있습니다. 이혼 사유 중에 '성격 차이'도 있습니다. 하나님을 믿는다고 고백하는 성도가 성격 차이로 이혼해도 될까요? 성도의 성격 차이 이혼은 그리 간단히 답할 문제가 아닙니다.

우리는 이혼이 하나님의 창조 질서를 거스르는 일이고 하나님께서 짝지어 주신 것을 임의로 나누지 못한다는 것도 잘 알고 있습니다(마 19장). 그렇다면 성경은 이혼의 절대 불가를 말하고 있을까요? 모세가 이혼증서를 언급하면서 이혼 자체를 정당화하고 있지 않습니까? 모세의 이혼증서 계명은 이혼의 정당성 혹은 합법성을 말하는 것이 아닙니다. 그 법은 오히려 버림받는 여인을 보호하고 부당한 이혼을 방지하는 목적입니다. 모세가 말하는 이혼의 전제는 "수치 되는 일"(신 24:1)인데 당시 완악한 남자들이 이를 확대 해석해서 사소한 일로도 여자를 버리는 일이 빈번하였기에 이로 인해 부당하게 버림받는 여자가 부정한 여인으로 취급되지 않고 합법적으로 재혼할 수 있도록 하기 위해 이혼증서를 작성하라 한 것입니다.

당시 사람들은 이혼증서를 작성하면서 율법을 준수한 것처럼 생각했습니다. 우리는 목적을 기억하는 것이 중요합니다. 예수님께서 이혼증서를 언급하신 이유는 그런 완악한 인간들의 그릇된 해석과 오남용을 방지하는 목적입니다. 원래의 제도 자체는 그러지 않았기 때문입니다(마 19:8).

하지만 반드시 모든 이혼이 악이라거나 그리스도인은 어떠한 경우에라도 이혼해서는 안 된다는 말도 아닙니다. 배우자의 외도, 가정 폭력, 신앙을 이유로 핍박 등 이혼할 수밖에 없는 상황들도 많지 않습니까? 맞습니다. 배우자의 외도도 창조 질서를 깨뜨리는 행위이듯이 가정 폭력, 자녀 학대, 신앙을 이유로 지속적인 핍박 자체도 창조 질서를 깨뜨리는 행위입니다. 하나님의 형상인 자신의 배우자와 가정을 사랑하고 존중하기보다는 악을 행하는 것이기 때문입니다. 외도한 배우자를 이미 죽은 사람으로 여기듯이 폭력으로 대하는 배우자 역시도 이미 죽은 사람으로 여길 수 있습니다. 그런 의미에서 이와 같은 이유로 이혼한다는 것은 오직 죽음 외에는 갈라놓을 수 없다는 말씀(고전 7:39)에 저촉되지 않는다 할 수 있습니다.

신앙의 문제로 이혼하는 건 어떨까요? 그 문제도 두 가지로 볼 수 있습니다. 하나는 불신 배우자가 이혼을 요구할 때입니다. 그때는 "갈리고자 하면 갈리게 하라"(고전 7:14)의 말씀처럼 적극적으로 허용할 수 있습니다. 다른 하나는 불신 배우자가 이혼을 요구하지 않을 때입니다. 그때는 배우자

전도를 위해 끝까지 참으며(고전 7:16~17) 신앙의 배우자에게 주어진 선교적 의무를 다해야 할 것입니다. 중요한 것은 신자가 주도적으로 신앙의 문제로 이혼을 요구하지 말아야 한다는 것이고 설령 헤어지더라도 화평한 가운데 헤어질 수 있도록 최선을 다해야 한다는 것입니다.

이제 성격 차이로 이혼은 어떻게 봐야 할까요? 사실 성격 차이로 인한 갈등이 더 이상 결혼 관계를 유지할 수 없을 정도로 심각하다고 여기기 때문에 이혼을 생각하는 것입니다. 부부가 끊임없는 다툼과 증오로 회복 불가능한 관계에까지 이르게 된다면 가정은 아마도 천국이 아니라 지옥이 될 것입니다. 그래서 소위 이혼이 '악'이지만 결혼 유지가 더 '큰 악'이 된다면 이혼이 상대적으로 '작은 악'이 될 수 있기에 허용할 수는 있습니다. 하지만 문제는 정말 결혼 유지가 '큰 악'이고 이혼이 '작은 악'이라는 판단을 내리기가 쉽지 않다는 것입니다. 그리고 이것이 모세의 이혼증서를 오용하는 일과 다르지 않을 수도 있다는 비판을 피하기가 쉽지 않습니다.

성격 차이로 인한 부부간의 상처와 갈등은 두 사람만의 일이기 때문에 제3자는 정확히 알 수 없습니다. 요즘 사람들은 둘에 하나는 이혼하다 보니 '이혼은 흠이 아니다', '이혼은 선택'이라고 하는데 그 생각이 교회에까지 들어와서 본인의 삶과 행복이 우선이라며 이혼한 가정들이 적지 않은 것도 이혼을 부추기는 원인 중 하나입니다. 하지만 이혼은 하나님께서 세우신 창조 질서를 깨뜨리는 것이기 때문에 흠입니다. 결혼은 언약의 가정을 이루는 것이고 하나님 나라 관점에서 최소 단위의 언약 공동체를 실현해 가는 것입니다. 반면에 이혼은 하나님 안에서 이루어진 언약의 가정이 깨지는 것입니다. 그렇기 때문에 그 결혼 관계를 최선을 다해 유지할 수 있도록 노력해야 하는 것입니다. 수치 되는 일을 보았을 때도 이혼을 허용해 주는 것이지 반드시 이혼하라는 것은 아닙니다.

두 사람의 성격 차이가 가정에 얼마나 큰 아픔과 갈등을 주는지 우리는 정확히 알 수 없습니다. 하지만 종종 간과하는 부분이 바로 신자 가정의 이혼 문제는 개인적인 문제이기도 하지만 교회적인 문제이기도 하다는 사실입니다. 우리는 언약 공동체이기 때문입니다. 그러니 정말 신자로서 이혼을 고민하고 있다면 반드시 목사님 혹은 신앙의 지체들과 함께 고민하며 해결하고자 하는 노력을 해야 합니다. 자신들과 그 가정의 고통은 돌봄을 받아야 함을 기억하고 목사와 교회가 그 의무를 다할 수 있도록 알려서 함께 기도하고 상담하며 고민해야 합니다.

　이혼도 목사님과 의논해야 할까요? 그렇습니다. 성도인 우리는 모두 연약한 존재들이고 창조의 질서 안에서 언약의 가정을 유지하기 위해서 교회의 지도를 받아야 합니다. 오늘날의 교회가 성도들의 이혼 문제를 등한시할 수 없지만 이혼은 결코 장려되거나 당연한 일이 아님을 명심해야 합니다. 우리는 성경이 말하고 있는 이혼의 허용 사실을 적극적으로 해석하기보다는 소극적으로 해석하고 이혼을 예방하는 차원에서 성경적 가르침을 잘 전달해야 할 것입니다. 이혼으로 상처받은 영혼 역시도 치유의 사역을 등한시해서는 안 될 것입니다. 언약의 가정을 지키고 유지하여 더욱 건강한 가정으로 온전케 하는 것이 부부가 가지는 최소한의 의무이기 때문입니다. 샬롬!

나눔을 위한 질문

당신이 생각하는 '성격 차이'는 무엇입니까?
당신은 이혼의 아픔을 얼마나 이해하고 있습니까?

십일조
꼭 해야 합니까?

'의식법'으로써 십일조는 폐지되었지만 '도덕법'으로 써 십일조는 여전히 유효합니다. 하나님을 예배하는 일에 전임하는 사역자들이 구약 시대뿐 아니라 지금 도 존재하고 고아와 과부와 같이 구제가 필요한 사람 이 지금도 존재하기 때문에 십일조는 유효합니다. 우 리는 하나님께 감사하는 마음으로 헌금 생활해야 합 니다.

사람이 어찌 하나님의 것을 도둑질하겠느냐
그러나 너희는 나의 것을 도둑질하고도 말하기를
우리가 어떻게 주의 것을 도둑질하였나이까 하는도다
이는 곧 십일조와 봉헌물이라
_ 말라기 3:8

어려서부터 신앙생활을 한 사람들에게 '십일조'는 성도의 의무로 배워 당연히 해야 하는 것으로 생각합니다. 당연히 해야 하는 것으로 여기며 살다가 '십일조 폐기론'을 주장하는 영상을 접하게 될 때 우리는 당혹감을 느낍니다.

십일조가 폐지되었다고 주장하는 사람들의 근거는 무엇일까요? 그들은 구약의 다른 율법 제도들이 폐지되었다면 십일조도 폐지되어야 한다는 것입니다. 율법을 완성하신 예수님의 십자가가 십일조만 비켜 갈 수 없다는 것입니다. 그렇기 때문에 '더 이상 십일조라는 말은 꺼내지도 말아야 한다'며 비판 일색입니다.

확신에 찬 강한 어조의 설명을 듣게 된 성도들은 여러 생각을 하게 됩니다. 누구 하나 경제적으로 여유롭고 힘들지 않은 사람이 없기 때문입니다. 한편으로 드는 생각이 '그 목사님 말이 맞았으면 좋겠다. 그 목사님 말이 옳다면 왜 우리 교회는 십일조를 하고 있을까?'입니다. 그렇게 인터넷을 통해 주장하는 분들 때문에 기존 교회들 가운데 적지 않은 문제가 발생하고 있습니다.

먼저 십일조는 두 가지 차원에서 구분하여 이해해야 합니다. '십일조가 폐지되었다'라는 말은 의식적 율법으로서 십일조 개념을 사용하지 않는다는 말입니다. 예수님의 율법 성취로 말미암아 제사제도와 같이 의식법으로써 십일조는 새로운 약속 아래에서 폐지되었다는 것입니다. 우리가 고백하는 『웨스트민스터 신앙고백』 19:3의 내용입니다.

십일조 폐지론 주장이 맞는 것일까요? 절반만 맞습니다. '의식법'으로써 십일조는 폐지되었지만 '도덕법'으로써 십일조는 여전히 유효하기 때문입니다. 이게 중요합니다. 도덕법으로써 십일조라는 개념을 처음 들어보는 사람들이 있을 것입니다. 이 질문부터 해보겠습니다. 하나님을 예배하는 일에 전임하는 사역자들이 구약 시대에만 존재했습니까? 신약 시대뿐 아니라 지금도 전임 사역자들이 존재하지 않습니까? 고아와 과부와 같이 구제(신 14:28~29)가 필요한 사람들이 구약 시대뿐 아니라 지금도 존재하지 않습니까? 교회와 예배를 위한 전임 사역자가 지금도 존재하기 때문에 '도덕법' 적으로 십일조는 유효하다는 것입니다.

그렇다면 16세기 종교개혁자들도 십일조는 비성경적 요소라 비판하고 반대했다는 말은 어떻게 이해해야 할까요? 종교개혁자들은 오히려 십일조를 적극적으로 가르쳤습니다. 16세기 종교개혁 시대에 십일조 폐지를 주장했던 자들은 종교개혁자들이 아닙니다. 재세례파였습니다. 스위스 종교개혁자 울리히 츠빙글리(Ulrich Zwingli, 1484~1531)와 존 칼빈(John Calvin, 1509~1564) 모두 십일조를 도덕법적 개념으로 가르쳤고 그 가르침에 따라 교회들은 적극적으로 실천했습니다. 심지어 츠빙글리는 십일조에 대해 토론하고자 한다면 기꺼이 응하겠다고 했을 정도로 확고했습니다. 칼빈도 '십일조의 용도'와 '자세'에 대해서 분명하게 가르쳤습니다(신 14:22 설교). 칼빈은 십일조의 용도는 하나님을 예배하는 일에 전임하는 자들의 생계와 교회 내 가난한 자들을 위한다고 하였습니다. 그리고 십일조를 드리는 자세는 감사여야 한다고 하였습니다. 모든 것은 주께서 허락하신 것이니 하나님께 감사하는 마음으로 바치라는 것입니다. 그뿐만 아니라 교회는 하나님께 감사의 마음으로 바쳐진 십일조와 헌금을 정당하고 바르게 사용해야 한다고까지 교육하였습니다.

혹자는 십일조는 오직 한국 교회에만 있고, 대부분의 외국 교회는 우리 돈으로 환산하면 2~3천 원 정도 헌금하는 수준에 지나지 않는다고 말하기도 합니다. 어느 누구도 헌금에 관해서 부담을 가지지 않는데 유독 한국 교회만 헌금을 신앙과 직결시켜 부담을 준다고 합니다. 해외 교회들은 십일조를 안 한다는 것은 정확하지 않는 말입니다. 특별히 종교개혁 전통하에 있는 해외 개혁교회들에서는 십일조가 계속해서 유지되고 있습니다. '십일조'라는 용어 대신에 '자발적 의무 헌금'이라고 표현하기도 하지만 성도들이 십일조의 원리와 정신을 존중하면서 감사의 마음으로 자발적으로 행하고 있습니다. 의식법적 폐지의 입장도 존중하지만 동시에 도덕법적 존속도 강조하는 것입니다. 오히려 해외 개혁교회들이 더 철저하게 한다고 할 수 있습니다. 대부분의 한국교회는 지난 1년간의 교회 수입을 파악해서 내년 예산을 책정하는데 해외 개혁교회들은 내년 예상 십일조를 파악해서 예산을 책정합니다. 이것이 다릅니다. 연말이 되면 교회는 교인들에게 회신 우편물을 보냅니다. 제가 받아 본 우편물을 예로 들면 당신의 내년 연봉이 얼마냐, 그것에 준하여 헌금은 얼마를 낼 것이냐, 언제 낼 것이냐 등을 적게 되어 있습니다. 예시로 연봉과 십일조가 적혀있습니다. 그리고 성도들의 대부분은 십일조 혹은 그 이상을 헌금합니다.

예배 때 헌금을 해봐야 동전 소리밖에 들리지 않는다 말도 틀린 말이 아닙니다. 예배 중 헌금 시간에 동전 소리만 들리는 이유는 성도들이 십일조를 모두 계좌이체 하기 때문입니다. 본 예배 때 드리는 헌금은 대부분 '목적 헌금'입니다. 광고 때 이미 오늘 헌금의 목적을 알려주는데 구제와 선교 등을 위한 목적 헌금입니다. 그러니 대부분의 교회가 우리 돈으로 2~3천 원에 준하는 헌금을 부담 없이 하는 것입니다. 십일조는 하나님 앞에서 정직하고 교회 앞에서는 은밀하게 행하고 구제헌금은 교회 앞에서 부담 없이 기꺼이 하는 문화가 자리 잡혀 있습니다. 한마디로 십일조 생활이 기본으로 자리 잡혀 있습니다.

십일조는 율법이 있기 전부터 존재했습니다(창 14:20). 창조주 하나님께서 만물의 주권자임을 우리가 진실로 고백한다면 모든 것이 하나님의 섭리며 하나님의 공급하심이 없이 우리가 누릴 수 있는 것이 하나도 없다는 것이 우리의 신앙이라면 마음에 정한 대로 인색하거나 억지로 하지 말고 즐거이 십의 일 혹은 그 이상을 하나님께 돌려드려야 하지 않을까요? 마땅히 하나님의 것을 드리는 것이 하나님의 것을 도둑질하지 않는 것 아니겠습니까? 아깝다 생각지 말아야 합니다. 여전히 우리에게는 9/10가 남아있지 않습니까! 하나님의 채우심과 돌보심을 믿고 나아가야 하는 것입니다. 샬롬!

나눔을 위한 질문

당신은 십일조에 대한 부담이 있으십니까?
당신은 어떤 마음으로 헌금 생활을 하고 계십니까?

착한 거짓말이
가능합니까?

하나님의 영광과 뜻을 위하고 사람을 살리고자 하는 거짓말은 가능합니다. 우리는 항상 하나님과의 관계에서 정직하고 이웃 사랑의 관점에서 항상 정직하고 진실하게 말해야 합니다. 사랑의 관점에서 이웃에게 피해를 입혀서는 안 됩니다.

**그런즉 거짓을 버리고 각각 그 이웃과 더불어
참된 것을 말하라 이는 우리가 서로 지체가 됨이라
_ 에베소서 4:25**

교인 중 누군가가 '신천지 포섭 명단'에 올라 조심하라는 연락을 받았습니다. 알고 봤더니 몇 개월 전에 등록한 새가족이 신천지였습니다. 신천지 교인이 새가족으로 잠입했던 것입니다. 그 새가족은 이름만 진짜고 나이도, 직업도, 사는 곳도 모두 가짜였다고 합니다.

그 성도는 교회를 통해 지정된 새가족이기에 바나바로써의 역할을 충실히 하였습니다. 또한 자기 상황과 비슷해서 잘해주었는데 자신을 포섭 대상으로 삼았다고 하니 충격이 컸다고 합니다. 이것은 신천지의 '맞춤식 전도법'입니다. 유대인은 유대인처럼 율법 없는 자는 율법 없는 자처럼(고전 9:20~21) 포교하고자 하는 상대방의 상황에 맞춰서 거짓으로 변신 변장하는 것이 그들의 전략입니다.

신천지 교인은 어떻게 얼굴색 하나 변하지 않고 거짓말을 할 수 있을까요? 그것이 그들의 거짓말 포교법인 '모략전도'이기 때문입니다. 이사야 46장 10절에 나오는 '모략'이라는 단어만 떼서 만들어 낸 신천지의 전도 교리입니다. 문맥과 전혀 상관없는 해석에 근거한 전도 교리입니다. 그뿐 아니라 예수님께서 제자들을 둘씩 짝지어 전도하러 보낼 때에 뱀처럼 지혜로워라고 했지 않느냐(마 10:16)면서 창세기 3장의 뱀처럼 거짓말을 해도 아무 문제없다고 가르칩니다. 엉터리 교리입니다. 그 뱀이랑 그 뱀이 어떻게 같을 수가 있습니까? 문맥이 전혀 안 맞는데 그것을 아무런 비판 없이 받아들이는 것 자체가 놀라울 따름입니다.

그들은 그걸 소위 '착한 거짓말'로 이해하는 것입니다. 신천지 신도들의 거짓말은 히브리 산파(출 1:17~21)나 라합(수 2:3~6)처럼 사람을 살리고자 하는 거짓말과는 다른 것입니다. 실질적으로 그들의 거짓말은 교회와 사회의 질서를 깨트려 피해를 줍니다. 근본적인 문제는 바로 그들의 거짓말은 잘못된 성경 해석에 근거한다는 데 있습니다.

어린아이들도 거짓말은 나쁜 것이라고 아는 것을 교육을 통해 적극적으로 활용한다는 것이 이해되지 않습니다. 정말로 심각한 것은 그들의 교육에 있습니다. 간단히 말하면 이렇습니다. 첫째, 하나님은 모략의 신이셔서 거짓말을 사용하신다. 둘째, 예수님께서도 거짓말 전도법을 사용하셨다. 셋째, 거짓말을 통해 하나님께 영광을 돌린다면 그건 죄가 아니다. 그들은 이렇게 합리화킵니다. 거짓말 자체에 반감이 들었던 사람들도 교육받은 후에 죄책감이 완전히 사라지는 것입니다. 자신들은 하나님께 영광 돌리기 위해 거짓말을 하는 것이니 이건 죄가 아니라고 합리화해 버리는 것입니다.

그것이 그들이 생각하는 바른 믿음입니까? 세뇌된 믿음

입니다. 그들은 자신들의 지도자가 참 목자이기 때문에 신비한 체험을 통해 자기들에게 전해진 그 가르침은 항상 옳다는 것입니다. 그것이 그들의 믿음입니다. 맹신하는 것입니다. 야곱이 뱀처럼 지혜롭게 속여서 복을 받았고 그렇게 해서 하나님의 뜻이 이루어지지 않았느냐고 말하면서 거짓말뿐 아니라 어떠한 수단과 방법을 통해서라도 하나님의 뜻을 이루면 된다는 것이 그들의 논리입니다. 세뇌당한 이후에는 분별력이 사라지는 것입니다.

신천지를 접한 성도 중 누군가는 적극적으로 회심을 권면합니다. '신천지는 이단이다. 이만희는 신령한 사람이 아니라 이단의 교주일 뿐이다. 교회를 허물면서 자기 교회, 자기 세력 키우는 게 과연 하나님의 뜻이겠느냐? 성경을 좀 제대로 봐라. 정신 똑바로 차리고 거기서 나와라'고 부드럽고 단호하게 권면하곤 합니다. 반응은 매우 차가울 때가 많습니다. 화를 버럭 내면서 오히려 권면하는 사람에게 '당신이나 정신 차려라 지금이 어떤 시대인 줄 아느냐 거짓 선지자들 말 듣지 말고 열린 마음으로 이만희의 설교를 들어봐라 들어보고 판단해라' 하기도 합니다. '하나님께서 지금 사용하시는 분이 누구인지 누굴 통해 역사하는지 똑바로 보라'고 역으로 신천지로 올 것을 권면 당하기도 합니다. 평행선을 달리는 것입니다.

세뇌당하는 것은 참으로 무서운 것입니다. 그렇기 때문에 그들에게 법을 어기는 것, 가정을 파괴하는 것, 교회 공동체를 분열케 하는 것은 문제가 되지 않습니다. 그것이 그들의 신앙이기 때문입니다. 잘 아시겠지만 '거짓 증거하지 말라'(출 20:16)는 명령은 우선적으로 하나님과의 관계에서 정직하라는 것입니다. 이는 또한 이웃에게도 동일하다는 말 아닙니까? 거짓말을 행함으로 무고한 이웃에게 피해를 입히지 말라는 의미입니다. 그런데 그들은 하나님 사랑은 하나님의 뜻으로 돌리고, 이웃 사랑은 무지한 이웃 탓으로 돌리며 모든 것에 거리낌이 없습니다. 우리가 아이들에게 '사실을 사실대로 말하라'고 가르치듯이 '거짓말은 안 좋은 거야'라고 가르치듯이 그대로 실천해야 하는 것입니다.

아모스 선지자는 이스라엘의 회복을 말하며 "오직 정의를 물 같이 공의를 마르지 않는 강 같이 흐르게 할지어다"(암 5:24)라고 하였습니다. 하나님의 율법에 대한 관심은 사회 질서 속에서 정의와 공의로 실현되어야 한다는 사실을 지적하고 있는 것입니다. 바로 정직하고 의로운 삶으로 드리는 예배야말로 하나님께서 받으시기에 합당한 것으로 인정되는 것입니다(롬 12:1~2).

착한 거짓말은 가능합니다. 오직 하나님의 영광과 뜻을 위하고 사람을 살리고자 하는 목적하에서만 가능합니다. 또한 우리는 이웃 사랑의 관점에서 항상 정직하고 진실하게 말해야 하고 이웃 사랑의 관점에서 피해를 입혀서는 안 됩니다. 이단은 세뇌당한 신앙입니다. 거짓말로 교회 공동체를 와해시키고 사회 질서를 어지럽히는 방식은 결코 하나님 앞에서 옳다 인정받지 못합니다. 늘 깨어서 사람들을 복음으로 인도하는 일에 더 크게 쓰임 받으시길 바랍니다. 샬롬!

나눔을 위한 질문

당신이 해본 착한 거짓말은 무엇입니까?
당신이 바로 잡고 싶은 당신에 대한 잘못된 소문은 무엇입니까?

교파와 교단이
뭡니까?

'교파'는 로마가톨릭교회의 신학과 전통을 거부하는 역사와 전통과 더불어서 여러 공통 요소를 공유하는 교회들을 가리킵니다. '교단'은 당회, 노회, 총회와 같이 치리회가 구성되어 있는 하나의 헌법이나 단일한 조직을 갖춘 법적 주체가 되는 단체입니다.

우리는 하나님의 동역자들이요
너희는 하나님의 밭이요 하나님의 집이니라
_ 고린도전서 3:9

우리는 종종 교인을 만나면 어느 교회에 출석하는지 묻게 됩니다. 그때 묻는 질문 중 하나가 '그 교회는 어느 교단 소속입니까?'입니다. 우리는 누군가가 자기가 속한 교회의 교파가 어디이며 교단이 무엇인지 하는 설명을 들을 때 도통 무슨 말인지 못 알아들을 때가 많습니다.

교파는 무엇이고 교단은 무엇일까요? 같은 것 아닙니까? 흔히 교파와 교단을 구분 없이 사용하는데 사실은 다른 것입니다. 간단히 구분하면 교파는 넓은 의미에서 교회들의 모임이라면, 교단은 그보다는 좁은 의미라 할 수 있습니다.

16세기 종교개혁 전후로 해서 로마가톨릭교회의 신학과 전통을 따르지 않겠다며 독자적인 교회들이 나타났습니다. 그 교회들이 바로 '개신교'입니다. 개신교는 로마가톨릭교회의 부패한 신학과 제도를 거부하고 성경이 말하는 그런 교회로 돌아가고자 개혁을 일으킨 교회들입니다. 하지만 로마가톨릭교회로부터의 교회 개혁에는 일치하지만 여전히 해소되지 않는 교리적 차이로 인해 개신교 안에 분파가 생겼습니다. 개신교 안에 생겨난 그 분파를 '교파'라 합니다. 예를 들면, 독일의 경우는 마틴 루터(Martin Luther, 1483~1546)의 가르침을 따르는 '루터파 교회'가 생겨났고, 스위스의 경우에는 울리히 츠빙글리(Ulrich Zwingli, 1484~1531)와 존 칼빈(John Calvin, 1509~1564)의 가르침을 따르는 '개혁교회'가 생겨났습니다.

우리가 속한 교회는 루터파 교회도 아니고 개혁교회도 아니지 않습니까? 우리는 장로교 아닙니까? 맞습니다. 우리는 장로교입니다. 장로교는 칼빈의 제자였던 존 녹스(John Knox, 1513~1572)가 고향인 스코틀랜드로 돌아와 조직한 교회라 할 수 있습니다. 녹스가 스코틀랜드에 돌아왔을 당시는 로마가톨릭교회의 교황정치가 지배적이었습니다. 그는 이를 거부하고 그의 스승 칼빈의 신학을 따라 스위스 개혁교회 운동을 스코틀랜드에서 하기 원했습니다. 개혁신학에 기초해서 '교회 제도'를 세운 것이 바로 장로교입니다. 교황이나 특정 사제가 아닌 개체 교회의 목사와 장로가 교회를 치리하는 것입니다. 장로교회는 역사 속에서 전 세계로 흩어졌고 19세기 말에 장로교 선교사들이 들어오면서 이 땅에 장로교회가 세워진 것입니다.

로마가톨릭교회에 반하여 개혁을 일으킨 교회들을 개신교라 부른다면 그 개신교 안에서 여러 이유로 나눠진 교회들을 '교파'라 부릅니다. 들어보셨겠지만 장로교, 루터교, 침례교, 감리교, 성결교, 구세군 등의 교회들이 바로 교파로 나눠진 교회들입니다. 대한예수교 '장로회'라고 할 때 장로회라는 것이 교파를 의미하는 것입니다. 장로가 치리한다는 교회 정치적 의미가 분명히 드러난 교회를 가리키는 것입니다.

그러면 교단은 뭘까요? 교파는 로마가톨릭교회의 신학과 전통을 거부하는 역사와 전통과 더불어서 여러 공통 요소를 공유하는 교회들을 가리킵니다. 하지만 교회들의 법적 주체가 될 수 있을까요? 없습니다. 교회들의 법적 주체가 되어 치리 행위를 할 수 있는 건 아닙니다. 교회가 공적으로 받아들이는 하나의 헌법이나 단일한 조직을 가지지 못하기 때문입니다. 그에 반해 교단은 어떻습니까? 당회, 노회, 총회와 같이 치리회가 구성되어 있는 하나의 헌법이나 단일한 조직을 갖춘 법적 주체가 되는 단체입니다. 그것이 주요한 차이라 할 수 있습니다.

예를 들어 '우리는 대한예수교 장로회 고신교회다'라고 말할 때 장로회가 교파고 고신이 교단이라는 말입니다. 역사적으로 교파는 장로교, 루터교, 침례교, 감리교, 성공회, 구세군, 성결교, 오순절교회 등이 있다면 한국 장로교 안에 교단으로는 고신, 합동, 통합 등이 있습니다. '누군가가 어느 교회 다니십니까?'라고 물을 때 교회의 이름과 더불어서 '장로교 고신교회에 출석합니다'라고 대답한다면 듣는 사람이 이 사람의 신앙이 어떠한지 대략 알 수 있을 것입니다. 잊지 말아야 할 것은 이들 교파와 교단들에는 교리, 신조, 예배, 의식, 신앙생활 등에 있어서 다소간의 차이가 분명히 나타나지만 각각의 교단의 입장을 고수하면서도 상호 간에 그리 배타적이지 않다는 사실입니다. 공통점이 더 많기 때문입니다. 그러니 성도 간의 교회 이명을 허락하는 것입니다.

특별히 직장이나 학업으로 인해 타지역에서 교회를 찾는 경우가 있습니다. 그때 무조건 집 가까운 곳 교회에 출석한다거나 대형교회에 등록하는 것은 지양해야 할 것입니다. 가까운 대형교회에 출석했다가 설교나 모임 중에 성경에 대한 이해가 다르거나 구원에 대한 관점이 다른 내용을 듣게 될 때 혼란을 겪게 될 것이기 때문입니다. 가능하면 동일한 신앙을 고백하는 교단 교회에 출석하는 것이 바람직할 것입니다.

누군가가 '어느 교회 출석하십니까?'라고 묻는다면 이제부터는 '저는 OO 교회 성도입니다. 우리 교회는 장로교 OO 교회입니다'라고 대답하면 좋을 것입니다. 우리는 오직 성경이 교회의 최종적 권위임을 인정하는 개신교 교인으로서 그 바탕 위에 교과와 교단의 이해가 반드시 있어야 합니다. 그것이 바로 내가 출석하여 예배하고 신앙생활하는 교회에 대한 이해이기 때문입니다. 교파와 교단의 이해가 있어야 참된 믿음 안에서 성도로서 살아가는 우리가 다른 교회들이 주장하는 은사주의나, 행위구원, 공로사상 등에 집착할 필요가 없는 것입니다. 우리가 속한 교단이 가장 성경적인 역사적 개혁주의 신학과 신앙으로 진리를 파수하는 교회임을 자랑스럽게 생각해야 할 것입니다. 이 좋은 교회로 인도하신 하나님께 감사하길 바랍니다. 샬롬!

나눔을 위한 질문

당신은 당신이 속한 교파와 교단이 자랑스럽습니까?
당신은 교회일치운동에 대해 어떻게 생각하십니까?

교회법이
왜 필요합니까?

교파와 교단마다 성경 해석과 실천이 상이합니다. 하지만 자신이 속한 교회의 교단 해석과 실천의 요약이 무엇인지를 정리해 놓은 것이 바로 '교회법'입니다. 교회법은 교회를 질서 있게 잘 유지하기 위해 행해야 할 각종 봉사와 모임은 어떤 것들이 있으며, 예배와 성례는 어떻게 행해져야 하며, 이 모든 일들을 보다 잘 이행하기 위한 기독교적 권징은 어떻게 행해져야 하는지 기준 잡아 놓은 것입니다.

진실로 너희에게 이르노니 무엇이든지 너희가 땅에서 매면 하늘에서도 매일 것이요 무엇이든지 땅에서 풀면 하늘에서도 풀리리라
_ 마태복음 18:18

우리는 종종 교회 광고 시간에 '교회법에 따르면', '헌법에 의거해서'라는 말을 듣게 됩니다. 교회법이 뭘까요? 도대체 교회랑 법이 무슨 상관이 있을까요? '법' 혹은 '헌법'과 같은 단어를 '교회'와 함께 들으면 조금 낯선 것이 사실입니다. 대부분의 성도들이 교회법이 뭔지도 잘 모르고 설령 교회법이 중요하다고 하더라도 자신과는 상관없는 것으로 생각하기 때문입니다. 그렇기 때문에 '교회법'이라는 용어를 들어도 그냥 스쳐 지나가는 단어에 불과하기에, 그 어떠한 궁금증도 가지지 않고 수십 년간 교회 생활하시는 분들이 의외로 많습니다.

교회법이 왜 필요할까요? 참 좋은 질문입니다. 교회법이 필요한 이유는 교회의 질서를 위해서입니다. 교회 공동체가 성경에 기초하여 가장 합리적이고 이상적인 가치를 계속해서 추구하고, 그 안에서 편안하게 신앙생활을 하도록 보호하기 위해서 그 기준이 있어야 하지 않겠습니까? 그것이 바로 '헌법'입니다. 교파와 교단마다 성경 해석과 실천이 상이하다 보니 '우리 교단의 해석과 실천의 요약은 이것입니다' 하고 집약 정리해 놓은 것이 바로 '교회법'입니다.

우리는 전혀 피부에 와 닿지 않는다 할 수 있지만 실제로는 피부로 느끼고 있습니다. 예를 들면 운전을 안 하더라도 교통 법규를 알듯이 직업 종사자가 아니더라도 경찰이나 소방관의 역할이 무엇인지 알듯이 우리는 교회가 어떠해야 하는지를 이미 잘 알고 있습니다. 교회가 어떠해야 하는지를 아는 것과 교회법을 아는 것은 서로 관련이 있습니다. 교회의 정체성이 헌법으로 규정되기 때문입니다. 교단 헌법 자체가 우리 교회의 역사와 유산으로 물려받아서 우리 교회의 '정체성'을 확립할 뿐 아니라 이를 잘 보존하여서 다음 세대에 전수해야 할 책임이 있음을 명시하고 있기 때문입니다. 다시 말해서, 교단 헌법을 통해서 우리는 우리가 출석할 뿐 아니라 후세대들에 유산으로 물려줄 그 교회의 정체성이 무엇인지를 알게 되기 때문입니다.

구체적으로 우리 교회의 정체성이 교회법을 통해 어떻게 나타날까요? 교단 헌법이 어떻게 구성되어 있는지를 보면 쉽게 알 수 있습니다. 우리 교단의 '교회헌법'은 헌법 전문, 웨스트민스터 신앙고백, 대교리문답, 소교리문답, 예배, 정치, 권징, 시행세칙, 삼대 공교회 규칙으로 되어 있습니다. 간략히 말해서 교단 헌법의 실질적인 내용은 우리가 무엇을 믿고 그 믿음 위에서 어떻게 예배하며 그리고 그 예배를 어떻게 보존할 것인가를 다루고 있습니다.

첫째로, '신앙고백'과 '소교리문답'에서 우리가 믿고 고백하는 바가 무엇인지를 알려줍니다. 둘째로, '예배지침'에서 그 믿는 바에 기초해서 교회가 어떻게 모여 예배할 것인지를 알려줍니다. 셋째로, '교회정치' 이후로는 그 예배의 순수성을 어떻게 보존할 것인지를 알려준다고 할 수 있습니다.

교회법이 결국은 예배의 순수성 보존을 위한다는 말입니다. 교회는 예수 그리스도의 공로로 구원받은 그리스도인들이 모여 하나님 앞에 예배하는 공동체입니다. 교회는 예배하는 공동체입니다. 교회법을 통해 교회의 질서를 유지한다는 것은 바로 예배하는 공동체의 질서를 유지하는 것입니다.

교회는 신앙 안에서 덕스럽고 은혜롭게 모든 일이 이루어지는데 딱딱하게 법적으로 따져야 하느냐고 생각하기도 합니다. 물론 한 믿음 안에서 하나님의 의와 영광을 위해 은혜롭게 모든 것이 이루어지면 너무 좋습니다. 하지만 우리의 타락한 본성이 여전히 교회 안에도 나타남을 인정해야 하지 않을까요? 그렇기 때문에 교회를 질서 있게 잘 유지하기 위해 행해야 할 각종 봉사와 모임은 어떤 것들이 있으며 예배와 성례는 어떻게 행해져야 하며 이 모든 일들을 보다 잘 이행하기 위한 기독교적 권징은 어떻게 행해져야 하는지 교회법을 통해 기준을 잡아 놓은 것입니다. 교회법에 명시된 그 기준들을 통해 교회는 예배를 순수하고 질서 있게 유지할 수 있는 것입니다.

예를 들면, 교회의 예배 인도와 설교는 교인 중 아무나 하면 될까요? 어떤 성도가 오늘 성령님의 감동케 하심이 있다 하여 즉흥적으로 강대상에 올라가 간증한다거나 자기가 설교하겠다고 하면 허락해야 할까요? 자기 마음대로 자신이 내년부터 장로가 되어 당회도 참석하고 예배와 성례에 직접 관여하게 할 수 있습니까? 자기랑 다른 의견으로 대립하는 직분자를 몇 사람이 결의하여 직분을 박탈하게 할 수 있을까요? 공동의회도 없이 두세 사람이 담임목사를 결정해서 모시고 오면 될까요? 성도들 모르게 교회 재산으로 부동산을 산다거나 혹은 예배 처소를 팔아버리면 어떻게 될까요? 교회 안에 이단이 들어와 성도들의 믿고 고백하는 바를 혼잡게 한다면 누가 어떻게 권징할 수 있을까요? 바로 이러한 것을 방지하여 예배의 순수성을 지켜서 지금까지 해 오던 대로 예배가 그대로 진행되고 교회의 질서가 깨어지지 않도록 하는 것이 바로 교회법입니다.

우리가 오래도록 교회 생활하면서 경험한 모든 일들이 바로 교회법의 테두리 안에 있는 일들입니다. 물론 개체교회마다 정관이나 내부 규칙이 있을 수도 있지만 그 모든 것들 역시도 교회법에 기초하고 있습니다. 예배를 중심으로 한 모든 교회 모임과 봉사와 직분 등이 교회법 위에서 이루어지는 것입니다. 교회법이라는 용어가 익숙지 않을 뿐이지, 실제 우리 교회를 지탱하는 기둥이라 보면 될 것입니다. 예배하는 공동체인 교회가 질서 있게 그 정체성을 보존하는 모든 일은 교회 법안에서 이루어지고 있음을 꼭 기억하시기를 바랍니다. 샬롬!

나눔을 위한 질문

당신은 교회법이 담고 있는 '신앙고백'과 '교리문답'을 공부해 보셨습니까?
당신은 교회법을 통해 교회 질서가 유지됨을 언제 실질적으로
느끼십니까?

치리회는
왜 필요합니까?

모든 교회가 하나의 교회로 자라날 수 있도록 그리스
도의 권위로 교회의 질서와 성결 그리고 평화를 유지
케 하는 것입니다. 교회의 당회가 자체적으로 해결하
지 못할 때 노회와 총회에 상소하여 해결할 수 있는
것입니다. 치리회는 하나의 교회로써 동일한 신앙 위
에 동일한 원칙으로 교회를 온전케 하는 것입니다.

범죄한 자들을 모든 사람 앞에서 꾸짖어
나머지 사람들로 두려워하게 하라
_ 디모데전서 5:20

우리는 교회 홈페이지 공지 게시판을 통해서 총회와 노회 결의 사항을 보게 됩니다. 그 문구 가운데 '치리회의 결의 사항'을 보게 되는데 치리회란 무엇일까요? 치리회에서 '치리'라는 말은 '다스리는 행위'를 뜻합니다. 거기에 '회'가 붙어서 '다스리는 회'라는 말입니다. 교회의 문제를 교회적 방식으로 다루는 회의체라는 말입니다.

우리 교회의 문제를 우리가 알지도 못하는 목사와 장로들로부터 다스림을 받아야 하고 그 결정을 따라야 한다는 말일까요? 우리가 모르는 목사와 장로의 다스림이 아닙니다. 동일한 신앙을 고백하는 교회 대표자들의 결정을 따르는 것입니다. 그리고 그 결정을 우리는 하나님의 말씀에 부합하는 한 존경과 순종의 자세로 따라야 합니다. 보통 당회의 결정을 교인들이 따르지 않습니까? 당회도 가르치는 장로(목사)와 다스리는 장로로 구성된 치리회입니다. 그리고 한 번쯤은 들어보셨을 텐데 노회와 총회 역시도 보다 넓은 범위로써 치리회입니다.

혹자는 상명하복의 느낌이 강하게 든다며 부정적으로 생각하기도 합니다. 그러나 그렇게 생각할 필요 없습니다. 교회의 문제를 함께 고민하며 하나님 말씀의 원리에 따라 성도들을 다스리는 것입니다. 한 개인이 하는 것이 아니라 '회'

가 하는 것입니다. 무엇보다 성경이 치리회를 지지하고 있음을 기억하시기를 바랍니다. 교회에 천국 열쇠가 주어졌고(마 16:19), 예루살렘공회는 교회의 문제를 교회의 지도자들이 함께 모여 지혜를 모았고(행 15장), 에베소 교회의 지도자인 디모데는 '장로의 회'(딤전 4:14)에서 안수받아 교회를 목양하였습니다.

성경은 교회의 머리 되시고 영원한 왕이신 예수님께서 교회를 다스리심을 분명히 가르칩니다. 예수님께서 교회를 치리하심으로 인해 하나님의 나라가 이 땅에 임하는 것입니다. 하나님 보좌 우편에 계신 예수님께서 그 통치 행위를 교회의 직원들인 목사와 장로들의 손에 맡기신 것입니다. 영원한 왕 되신 그리스도 밑에서 지체된 교회를 섬기는 것입니다.

치리회의 궁극적인 목표는 무엇일까요? 당회, 노회 그리고 총회, 이 모든 치리회는 총회 산하 모든 교회가 하나의 교회로 자라날 수 있도록 그리스도의 권위로 교회의 질서와 성결 그리고 평화를 유지케 하는 것입니다. 치리회는 성결과 화평을 위한 도구로 교회를 섬기는 것입니다.

치리회가 교회를 어떻게 섬기는지에 대해 보다 구체적으로 말하면 다음과 같습니다. 각각의 치리회는 고유한 특권과 권한이 있습니다. '당회'는 교회 전반을 점검해서 교인들이 예배와 신앙생활을 순전히 할 수 있도록 합니다. '노회'는 전국을 지역별로 나눠서 그 지역 내 교회의 문제를 담당하고, 전국 노회 대표들이 모여 노회의 안건과 교단에 관해 고유한 직무를 담당하는 것이 '총회'라 할 수 있습니다. 각 교회 공동체가 스스로 해결할 수 없는 일들을 더 많은 사람의 지혜를 모아 성경적 결론을 끌어내기 위해 확대 회의체들이 있는 것입니다.

우리 교단만 이렇게 하는 게 아닙니다. 치리회는 종교개혁 때부터 있었습니다. 종교개혁 때부터 교회들은 동일한 신앙과 동일한 고백을 하는 교회들이 서로 연합해서 함께 신앙과 행위의 순결을 유지해야 한다는 데 공감하였습니다.

하지만 대부분의 성도들은 각각의 개체 교회들이 스스로 알아서 하고 있다고 판단합니다. 물론 그렇게 보일 수 있습니다. 개체교회들이 교회 내의 대부분의 일들을 자체적으로 결정하여서 할 수 있습니다. 거기에는 분명한 독립성이 보장됩니다. 그렇다면 감당할 수 없는 일들은 어떠할까요? 예를 들어 보겠습니다. 교회가 세워지고 은혜의 방편인 말씀 선포와 성례가 시행되기 위해서는 목사가 있어야 하는데 그 교회가 아무 목사나 청빙하면 어떻게 될까요? 만약 그렇게 청빙한 목사가 이단적 가르침을 가르쳐 교회를 어지럽힌다면, 교회가 목사를 지지하는 파와 반대하는 파로 분열된다면, 그 목사가 끝까지 자기 자리를 고수하길 원한다면, 그 교회는 당면한 문제를 어떻게 해결할 수 있을까요? 그것이 바로 치리회의 역할입니다. 교회의 당회가 자체적으로 해결하지 못할 때 노회와 총회에 상소하여 해결할 수 있는 것입니다. 하나의 교회로써 동일한 신앙 위에 동일한 원칙으로 교회를 온전케 하는 것입니다.

다시 말해, 치리회는 보다 나은 치리와 교회를 세우기 위한 회의입니다. 『웨스트민스터 신앙고백』 31:2를 보면 '대회와 공회의'를 통한 법령과 결정 사항을 어떠한 자세로 받아야 하는지 말하고 있습니다. "법령과 결정 사항은 하나님의 말씀에 부합하는 한 존경과 복종의 자세로 받아야 하는데 이것들이 말씀과 합치되기 때문만이 아니라 그것들을 결정한 권세 연고로도 하나님의 규례 곧 말씀으로 그렇게 정한 규례로 받아야 한다." 또한 31:3을 보면 "회의를 믿음과 생활의 법칙으로 삼지 말고 믿음과 생활의 보조 수단으로 사용하여야 한다"고 덧붙이고 있습니다. 모든 대회나 공회의는 사도시대 이후 오류를 범할 수 있고 범하였기 때문입니다.

치리회는 교회의 성결과 화평을 도모하면서 성경의 원리

로 다스리는 것입니다. 교회가 교회 될 수 있도록 하나의 교회로써 그 온전함을 유지할 수 있도록 구별된 고유의 직무를 수행하는 것입니다. 치리회는 그리스도의 은혜로 통치하심이 드러나도록 다스려서 교회가 성경적으로 자라날 수 있도록 섬기는 것입니다. 바로 그 일을 위해 치리회는 반드시 필요한 것입니다. 샬롬!

나눔을 위한 질문

당신은 치리회로써 당회의 역할을 존중하십니까?
당신은 치리회의 역할 부재로 인해 어려움을 겪은 교회를 아십니까?

시벌을 거부하면
어떻게 됩니까?

교회의 권위는 하나님께서 세우신 권위이며 그리스도의 이름과 그 직권으로 시벌을 가하는 것입니다. 그렇기 때문에 우리는 인간적으로 무시하고 가볍게 여겨서도 안 되고 그리스도의 몸 된 교회를 아무렇지도 않게 옮겨서도 안 될 것입니다. 교회의 시벌은 그 개인을 괴롭히는 것이 아니라 온전케 하는 것입니다. 성도는 시벌을 달게 받아 스스로도 온전케 되고 교회를 교회 되게 해야 합니다.

이단에 속한 사람을 한두 번 훈계한 후에 멀리하라
_ 디도서 3:10

우리는 매우 드물게 예배 때 교회가 시벌하는 것을 접하게 됩니다. 한 예로, 모 교회에서 두 가정을 시벌했습니다. 성도들은 너무나도 큰 충격을 받았고 당시 분위기는 무섭기까지 했습니다. 두 가정 모두 '인터콥'(InterCP)에 깊이 관련이 있었던 것입니다.

인터콥은 우리 교단에서 2016년에 '불건전 단체'로 결의했었는데 제71회 총회(2021년)에서는 '심각한'을 덧붙여서 '심각한 불건전 단체'로 규정했습니다. 잘못된 선교 사상과 운동으로 교회에 혼란을 주기 때문에 참여도 금하고 교류도 금한 단체입니다. '심각한'이 추가 된 큰 이유 중 하나는 그들에게 지적된 잘못된 사상들이 고쳐지지 않을뿐더러, 반복적으로 부도덕한 모습을 보였기 때문입니다. 심지어 인터콥의 정통성을 지지해 준다고 여겼던 한국세계선교협의회(KWMA)가 자신들을 자격정지 2년, 지도 5년으로 재규정해 버렸을 때 인터콥은 반성하기는커녕 이를 탈퇴해 버렸습니다. 스스로가 불건전 단체임을 증명해 버린 것입니다. 총회에서는 보다 강력하게 '심각한 불건전 단체'로 규정하고 인터콥과 교류하고 있는 교회나 목사는 신속히 교류 관계를 정리하고 복귀할 것을 다시금 지시한 것입니다.

교회는 인터콥 모임에 한두 번 참석했다고 해서 공개적

으로 시벌하지 않습니다. 위의 경우에는 인터콥 모임에 참석한 두 가정 모두 담임 목사님과 당회가 5년이 넘는 기간 동안 여러 차례 권고하였습니다. 그런데도 '인터콥은 그런 단체가 아니다', '교단의 결정이 잘못되었다', '당신들이 몰라서 그렇다'며 당회의 지도를 거부해 왔던 것입니다.

중죄가 아니면 은밀하게 시벌하는데 당회가 그 사안을 엄중하게 보고 교회에 공포한 것입니다. 그 예배에 시벌 대상인 두 가정 중 한 가정만 참석했습니다. 다른 한 가정은 교회를 떠났습니다. 그 말은 참석한 한 가정은 당회의 지도를 받아 교회에 남기로 한 것입니다. 예배 때 목사님께서 시벌을 하면서 이 가정은 인터콥 참여 사실을 인정하고 반성하면서 앞으로 당회의 지도를 잘 받을 것을 약속했습니다. 그리고 권고와 더불어 수찬 정지 6개월이 내려졌습니다.

교회가 성도를 시벌을 하는 것은 이 개인을 괴롭게 한다거나 교회로 미움을 받게 하기 위한 것이 결코 아닙니다. 정말로 온유하고 자비로운 마음과 두렵고 떨리는 마음으로 하는 것입니다. 그렇기 때문에 예배 때 모든 광경을 지켜본 성도들도 시벌의 정신을 이해해야 합니다. 즉 그 사람을 온전케 하는 것입니다. 그리고 그것을 예배 때 공포함으로 인해서 온 교회가 유혹되거나 동화되지 않도록 교육하는 것입니다.

　수찬 정지 6개월이 벌이 될 수 있을까요? 의외로 성찬을 1년에 2번밖에 하지 않는 교회들이 많기 때문입니다. 수찬 정지라는 말은 성찬에 참여하지 못한다는 말입니다. 은혜의 방편으로써 그리스도의 몸에 참여하지 못한다는 것은 그리스도와의 관계 단절을 의미하는 무거운 벌입니다. 매주 성찬, 매월 성찬, 혹은 격월 성찬을 시행하는 교회에 비해서 6개월에 한 번 하는 교회 입장에서는 가볍게 볼 수도 있겠지만 결코 그렇지 않습니다. 맡은 직분을 정지시키거나 박탈할 때도 수찬 정지를 겸하여 줄 수 있을 만큼 정직과 면직보다 더 무거운 벌이 바로 수찬 정지입니다.

　특별히 위의 교회 경우에는 참석하지 않은 사람은 출교 선언을 했습니다. 그러자 사람들이 '교회에 남은 사람만 벌을 받고 교회를 떠난 뒤에 벌주면 뭐 하냐고 이건 좀 아닌 거 같다'며 안타까워했습니다. 출교 선언을 했다는 것은 가장 무거운 시벌을 내린 것입니다. 그 사람이 여러 차례 권면에 불순종하고 회개하는 증거를 보이지 않았기에 이제부터는 불신자와 같이 여기는 것입니다. 등록된 교인에서 제명하고 앞으로 교회 출석을 금하는 것입니다.

　'그래도 다른 교회 가서 아무렇지도 않게 지낼 거 아니냐' 라는 질문이 제기됩니다. 그 부분이 참으로 안타까운 현실입니다. 이를 방지하기 위해서라도 다른 교회에서 교인을 받을 때 '이명증서'를 받아야 하는 것입니다. 이명증서 없이 온 교인의 경우는 정해진 기간 동안에는 등록 교인으로 받으면 안 되는 것입니다. 이전 교회가 어디였는지를 확인하고 그 교회와 연락을 통해 옮기게 된 이유를 확인해야 할 것입니다. 만약 그 교회도 인터콥에 대해 우리 교단과 같은 입장이라면 회개하고 만족할 만한 증거를 반드시 확인 후 교인으로 받아야 할 것입니다. 그렇지 않고서는 그 교회에서도 동일한 행동을 반복할 것이기 때문입니다.

보통 문제가 있으면 교회를 옮겨버리는 것을 너무 많이 봐와서 그 당회도 웬만하면 은밀하게 권고하고 지켜보았던 것 같은데 너무 오래도록 너무 적극적으로 인터콥 활동을 해서 이례적으로 시벌을 내린 것으로 보입니다. 다시 말씀드리지만 교회의 시벌은 그 개인을 괴롭히는 것이 아니라 온전케 하는 것입니다. 교회 앞에서 창피를 주는 것이 아니라 교회로 깨어 있도록 하는 것입니다. 교회의 권위는 하나님께서 세우신 권위입니다. 교회는 동시에 그리스도의 이름과 그 직권으로 시벌을 가하는 것입니다. 그러니 인간적으로 무시하고 가볍게 여겨서도 안 되고 그리스도의 몸 된 교회를 아무렇지도 않게 옮겨서도 안 될 것입니다. 겸손히 시벌을 받고 자복하여 해벌을 할 만한 만족한 증거를 드러내도록 힘써야 할 것입니다. 이러한 일로 아프더라도 교회는 더욱 건강해지는 것입니다. 그리고 성도는 온전케 되는 것입니다. 샬롬!

나눔을 위한 질문

당신은 교회의 시벌을 경험한 적 있으십니까?
당신은 성도 이탈에 대한 두려움으로 시벌의 불필요성에 대해
어떻게 생각하십니까?

교회에서 다단계를
해도 됩니까?

교회 내에서 사업적으로 엮인 관계들이 적지 않지만 교인들이 금전 관계로 엮이는 일은 자제하는 것이 바람직합니다. 다단계는 탐심으로 인해 신앙적 관계를 경제적 관계로 전락시켜 버립니다. 이 모든 것이 결국에는 신앙 공동체의 본질을 왜곡하는 것입니다.

돈을 사랑하지 말고 있는 바를 족한 줄로 알라
그가 친히 말씀하시기를 내가 결코 너희를 버리지
아니하고 너희를 떠나지 아니하리라 하셨느니라
_ 히브리서 13:5

교회 내에서 전도회 중심으로 다단계 사업이 이루어져 교회가 분열되는 일들이 있습니다. 혹자는 수천만 원의 피해를 입고 성도 간에 고소 고발을 하는 데까지 이르기도 합니다. 사실 여러 교회들이 교회 내 불법적 다단계로 몸살을 앓고 있습니다.

다단계라고 해서 모두 다 사기성 불법 다단계만 있는 것은 아닙니다. 법의 테두리 안에서 합법적 다단계도 있고 여러 조건이 붙는 불법적 피라미드식 판매도 있습니다. 대부분의 큰 피해는 후자인 피라미드식 판매를 통해서 발생하곤 합니다.

어떻게 교인이 교인에게 불법 피라미드로 피해를 입힐수 있을까요? 우리가 생각할 때는 교회에서 어떻게 그런 일이 일어날까 싶지만 다단계를 나쁘게 이용하는 분들이 볼때 교회는 어떤 곳일까요? 황금어장입니다. 교회만큼 네트워크가 잘 형성된 황금어장이 없다고 합니다. 게다가 서로간에 신뢰성이 형성되어 있습니다. '교회 직분자인데, 신앙인인데, 나에게 해가 되는 일을 하겠어?' 하는 순진한 마음이 의심을 제거하는 것입니다. 그리고 한 편으로는 선교와 구제 등의 선한 사업으로 접근하니 큰 어려움 없이 설득되기도 합니다. 꿩도 먹고 알도 먹는다고 생각하는 것입니다. 하지만 선하고 소박한 꿈이 시간이 흐르면서 '사람 장사'로까지 연결되는 것이 문제입니다.

다단계에 빠진 사람들은 과한 욕심만 내지 않는다면 실패할 일이 없고 자본주의 사회에서 서민인 우리가 돈을 벌수 있는 유일한 방법일 뿐 아니라 이것이 복음 전파의 도구요 통로가 된다고 설득당하곤 합니다. 더 놀라운 것은 남을 성공시켜야만 자신이 성공할 수 있는 시스템이니 교인들에게 최적의 직업이라고까지 말해진다고 합니다. 정말로 달콤한 말로 유혹당하는 것입니다.

교인들이 금전 관계로 엮이면 그것 자체가 신앙 공동체의 본질을 뒤흔드는 요소가 됩니다. 실제 사람을 대하는 태도가 달라지기 때문입니다. 자신의 물건을 구매하며 긍정적으로 대하는 사람과 그렇지 않은 사람을 향한 차이가 바로나타납니다. 반대로 사주지 않은 사람도 괜히 미안하고 눈치 보며 자리나 만남을 피해야 하는 불편함이 형성됩니다. 교회에서 제일 불편한 일 중 하나가 보험 드는 것과 다단계 물건 사는 것이라 합니다. '갑자기 전화 와서 무료 상담해 주겠다고 할 수 있다', '집에 찾아온다고 하면 절대로 못 오게해라', '누구누구를 조심해라' 등의 소문이 파다합니다. 정말로 교회 공동체에 덕이 되지 않습니다.

교회 내에서 비즈니스로 엮인 관계들이 적지 않지만 교인들이 금전 관계로 엮이는 일을 자제하는 것이 바람직합니다. 실제 교회 재정이 비효율적으로 사용되는 경우도 많습니다. 좋은 물건을 좀 더 저렴하고 편하게 구매할 수 있음에도 불구하고 교인이 운영하는 사업체까지 직접 가서 비싸게 주고 사는 일이 비일비재합니다. 설상가상으로 같은 업종에 종사하는 성도들이 많을 경우에는 교회가 말 나오지 않을까 눈치를 봐야 합니다. 이 역시도 단순히 서로 돕는 개념을 넘어선 불편함입니다.

그렇다면 교회가 대책이 있어야 하지 않을까요? 교회 내 금전적 관계로 인해 성도들의 신앙생활에 방해가 되어서는 안 될 것 아닙니까? 그렇기 때문에 교육부터 시작해야 합니다. 먼저, 교회 공동체는 신앙 공동체라는 사실이 강조되어야 합니다. 아무리 교회가 다양한 직종의 사람들이 모였다 하더라도 예배를 중심으로 말씀과 기도에 전무해야 할 신앙 공동체가 관계의 핵심임을 반복해서 가르쳐야 합니다. 다음으로는, 사랑의 대상을 돈벌이 대상으로 보지 않도록 해야 합니다. 하나님을 사랑하는 마음으로 서로 사랑하고 존중하는 일에 집중케 하는 것입니다. 마지막으로, 누군가가 교회 내 다양한 소모임이나 심방 등을 사업 설명회의 장으로 만

든다면 교역자에게 즉각 보고하여 조치를 취하도록 교육해야 할 것입니다.

하지만 성도들이 실천하지 않으면 그만인 거 아닙니까? 맞습니다. 강조하여 말씀드리지만 그렇기 때문에 교육이 중요한 것입니다. 이 일이 철저하게 본인에게 달려 있는 것은 자기 자신이 성도들을 신앙의 지체로 대할 것인가, 경제활동 대상으로 대할 것인가를 판단해야 하기 때문입니다. 서로 가게 매상 올려줘서 헌금 많이 하면 결국 교회에 좋은 일 아니냐라는 말도 이해되지만, 예수님의 십자가를 통해 하나님의 자녀 된 자들이 서로를 돈벌이 수단으로 생각하는 것 자체는 이해할 수 없습니다.

보다 구체적으로 교회에서 누군가가 자신에게 문의하지 않는 이상 자신의 직업에 대해 말을 아끼는 것이 상식이지 않을까 합니다. 교회 내에는 자신이 물질적으로 손해를 보더라도 공동체에 덕을 세우기 위해 여러모로 수고하시는 분들이 훨씬 많습니다. 그럼에도 불구하고 소수의 사람으로 인해 공동체가 아픈 것입니다. 그렇기 때문에 더 많은 성도를 위해서 적극적으로 권면하여 불편한 상황을 제거해야 하는 것입니다.

우리는 나 자신부터라도 진실되게 교회를 신앙공동체의

본질을 추구할 수 있도록 힘쓰고 주변 사람들이 이러한 일에 휩싸이거나 피해를 보지 않도록 힘써야 합니다. 성경은 탐심은 우상숭배(골 3:5)라고까지 말하며 멀리하라 하였는데 다단계는 탐심으로 인해 신앙적 관계를 경제적 관계로 전락시켜 버립니다. 반드시 교회는 성도 간에 금전적인 문제와 상황으로 불편함이 없어야 할 것입니다. 이 모든 것이 결국에는 신앙 공동체의 본질을 왜곡하는 것입니다. 예수님께서도 강도의 소굴이 된 성전을 정화하셨던 것처럼 우리 역시 교회를 교회답게 바르게 세워야 할 것입니다. 교회는 순전히 예배 공동체요 신앙 공동체로서 교제 나누는 일에 집중하여 날마다 개혁해 나가야 할 것입니다. 샬롬!

나눔을 위한 질문

당신은 성도 간 금전적 관계로 어려움을 겪은 적 있으십니까?
당신은 탐심이 우상숭배임을 경험한 적 있으십니까?

질병이 죄 때문에
생깁니까?

원론적으로 원죄 가운데 태어나는 모든 사람은 결국 죄의 결과로 질병을 얻게 됩니다. 하지만 죄와 상관없이 질병을 얻을 수도 있습니다. 그 사람을 향한 하나님의 뜻하신 바가 있는 것입니다. 우리는 하나님의 뜻 가운데 질병을 이해하고 치유의 하나님의 은혜를 구해야 합니다.

예수께서 대답하시되 이 사람이나 그 부모의 죄로
인한 것이 아니라 그에게서 하나님이 하시는 일을
나타내고자 하심이라
_ 요한복음 9:3

우리 주변에 질병으로 고통당하는 성도들이 많습니다. 어느 누구도 아프고 싶어서 아픈 사람이 없기에 그 마음을 위로하고 보듬어 안아주는 일은 정말로 섬세하게 이루어져야 합니다. 그런데 때로는 성도들 가운데 위로의 말을 건넨다고 하는 것이 오히려 더 큰 상처가 되기도 합니다. 그 중의 하나가 바로 '죄를 지어서 그러니 어서 하나님께 회개하라. 그러면 하나님께서 용서하시고 고쳐주실 것이다'입니다. 대부분의 사람들은 병을 낫는 일이 더 크고 중요하기에 순수하게 기도하는 일에 힘을 씁니다.

담배를 입에도 대지 않은 한 성도가 폐암 3기 진단을 받았습니다. 그분은 성실히 항암치료와 운동을 병행하며 회복을 기대했는데 폐암이 간으로 전이 되었습니다. 그 성도 가정은 아프고 슬픈 마음을 추스르고 기도 외에는 답이 없다는 생각에 교회 구역 식구들에게 전이 되었다는 소식과 더불어 기도 부탁을 했습니다. 그런데 구역 식구들이 '기도가 부족해서 그렇다느니', '회개하지 않은 죄가 있는 건 아닌지 다시 생각해 보라' 했다고 합니다.

왜 그런 식으로 말을 할까요? 왜 욥의 친구들처럼 행동할까요? 아픈 사람도 아픈 사람이지만 간병하는 가족들 역시도 살얼음판을 걷는 마음에 많이 힘들고 지쳐 있습니다.

우리는 맛있는 식사라도 대접하면서 힘내라고 위로하며 안아줘야 하는데 오히려 상처를 더 안겨다 주는 건 이해가 안됩니다. 심지어 어떤 분은 자기가 잘 아는 목사님이 기도한 물을 마시면 몸에 있는 모든 죄가 소변으로 빠져나간다 했다 합니다. 그 물 마시고 병 나은 사람이 많다 하였답니다. 또 다른 분은 언니 꿈을 꿨는데 꿈 내용이 당장 치료 중단하고 기도원 가서 기도해야 낫는다고 이건 기도로 이겨야 한다고 했다 합니다.

소위 거룩한 물을 뿌리면 악귀가 떠나간다거나 기도로 질병을 내쫓는다며 믿고 행하는 사람들이 있긴 합니다. 그 힘든 상황 가운데서 그런 말들을 들었을 때 적잖이 당황스럽고 혼란스러웠을 겁니다. 제3자인 우리도 이런 말을 듣게 되면 당황스럽고 심지어 불쾌할 수도 있습니다. 이것은 위로를 가장한 책망의 말들입니다. 그러니 위로가 되지 않고 상처가 되는 것입니다. 더군다나 자기와 늘 함께 예배드렸던 구역 식구들로부터 전혀 다른 신앙의 말을 들으니 혼란스럽기도 할 것입니다.

사실 교회 안에 아픈 사람들이 얼마나 많습니까? 그리고 질병이 생기면 하나님께 기도 안 하는 사람이 누가 있겠습니까? 그런데 정말 죄 때문에 질병이 생기는 것입니까? 성경적으로 볼 때 모든 질병의 근본적인 원인은 죄라고 말할 수 있습니다. 아담이 범죄한 결과 사망이 들어왔듯이 원죄 가운데 태어나는 모든 사람은 결국 죄의 결과로 질병을 얻게 되는 것입니다. 하지만 내가 이러이러한 죄를 지었기 때문에 그 결과 특정 질병을 얻게 된다고 인과관계를 말해서는 안 되는 것입니다. 죄와 상관없이 질병을 얻게 되는 경우도 있기 때문입니다. 나면서부터 앞을 보지 못하는 자가(요 9장) 대표적인 예라 할 수 있습니다. 질병은 그 사람의 죄가 아니라 그 사람을 향한 하나님의 뜻하신 바가 있는 것입니다.

사도 바울 역시도 죄의 결과로 병이 있었던 것이 아니었습니다. '내 은혜가 네게 족하도다'(고후 12:9)는 하나님의 말씀은 그 질병이 전혀 죄와 상관없음을 분명히 알려주고 있습니다. 그뿐만 아니라, 바울은 우리가 일평생 한 번도 겪어보지 못할 수많은 고난을 직접 당하였습니다(고후 11:23~30). 이는 이제 내가 사는 것은 내 안의 그리스도가 사는 것임을 확신한 바울에게는 이해할 수 없는 고난의 연속일 수 있습니다. 바울은 죄가 아니라 그리스도로 인한 고난이요, 십자가의 길이요, 푯대를 향해 나아가는 자신의 삶으로 이해했습니다.

그분들은 왜 가시 돋은 말을 서슴없이 했을까요? 아무리 가르쳐도 그렇게 믿고자 하는 성향들이 쉽게 바뀌지 않습니다. '가계에 흐르는 저주' 사상이나 '쓴뿌리' 사상과 같은 비성경적 주장들이 여전히 교회 안에 남아 있기 때문입니다. 그것을 믿는 사람들 입장에서는 매우 매력적이고 간단합니다. 이는 예수님의 제자들이 나면서 맹인이 된 사람은 부모의 죄 때문인지 아니면 태아가 어머니 뱃속에서 죄를 지은 것인지를 묻는 것과 똑같은 것입니다. 그렇게 따지는 것이 간단합니다. 하지만 죄의 유무 혹은 회개의 유무로 판단할 수도 있지만 그보다 더 우선적인 것이 무엇일까요? '하나님의 뜻'입니다. 하나님께서 나타내시고자 하는 일이 무엇일까를 고민하고 그것에 집중하며 하나님을 믿는 것입니다. 설령 더 좋지 않은 일이 생긴다고 하더라도, 하나님을 향한 믿음이 변치 않는 것이 정말로 중요한 것입니다.

우리는 모두 질병에 걸립니다. 누구나가 질병으로부터 완전히 자유롭지도 안전하지도 않습니다. 우리는 욥의 친구들이 되어서는 안 됩니다. 그들은 그들이 아는 하나님에 대한 지식으로 누군가를 판단하고 정죄하는 수단으로 사용했기 때문입니다. 그 날 선 지식이 자신의 경건에 도움이 될 수는 있지만 그보다 더 중요한 것은 하나님의 뜻을 분별하는 데 집중하고 더 큰 하나님의 은혜를 구하는 것입니다. 그렇게 자신을 사랑하는 마음으로 이웃을 사랑해야 하는 것입니다.

진정한 이웃 사랑은 먼저 지금 나와 함께 예배드리는 성도에게 나타나야 합니다. 그리고 그 교회가 위치한 지역 사회에 실천해야 합니다. 마치 강도 만나 사람(눅 10:30)처럼 말 못 하고 끙끙 앓으며 생사의 기로에 선 성도들이 우리 주변에 많습니다. 그저 지나쳐 갔던 제사장과 레위인처럼 행동하지 말고 그들을 돌보아 주는 것 그들을 말씀 안에서 위로해 주는 것 그들을 위해 기도해 주는 것이 우리가 실천해야 할 이웃사랑일 것입니다. 샬롬!

나눔을 위한 질문

당신은 질병을 앓던 중에 어떤 생각이 가장 많이 들었습니까?
당신은 치유의 하나님을 믿으십니까?

교회 봉사 안 하면
벌 받습니까?

우리는 먼저 그 나라와 의를 구해야 합니다. 하나님
의 거룩한 부르심에 합당하게 살아야 합니다. 교회
봉사와 하나님의 상과 벌을 등식화할 수 없습니다.
하나님께서는 우리의 외적 봉사가 아니라 내적 동기
와 태도 즉 중심을 보시고 거룩히 여김을 받으십니
다.

이는 성도를 온전하게 하여 봉사의 일을 하게 하며
그리스도의 몸을 세우려 하심이라
_ 에베소서 4:12

우리는 신앙생활을 하면서 자연스럽게 교회 봉사를 하게 됩니다. 하지만 때로는 오랜 봉사로 인해 지치기도 하고 자신의 계획과 하고자 하는 일로 인해 잠시 교회 봉사를 내려놓기도 합니다. 자기 의사와는 상관없이 순종을 강요당할 때가 있는데, 그것이 문제가 되는 것입니다.

교회 봉사를 거부할 때 듣게 되는 말들이 있습니다. '순종하라', '하나님께서 더 큰 복을 주실 거다', '당신이 안 하면 누가하냐?' 이런 말들을 서슴없이 내뱉으며 정말로 대수롭지 않게 생각하는 분들이 있습니다. 물론 더 극한 상황 속에서도 교회 봉사를 놓지 않고 이겨내는 분들도 있습니다. 그래서 이해가 안 될 수도 있습니다. 그럼에도 불구하고 자신이 그분들보다 믿음이 작다 하더라도 본인이 해결해야 할 일들을 너무 쉽게 말하는 것은 조심해야 할 부분입니다.

아마 교회는 일꾼을 찾기도 힘들고 우리로 인한 빈자리와 힘겨움이 눈에 밟히기도 합니다. 우리는 '그래 내가 믿음이 부족하다. 내가 하나님께 더 기대지도 못하고 더 맡기지도 못했다'고 생각하며 다시금 마음을 다잡기도 합니다.

그런데 정말 교회 봉사 열심히 하면 하나님께서 자신의 일과 가정을 책임지십니까? 이왕 맡은 것 게으름 피우거나 열심히 안 하면 벌을 받습니까? 정말 밤낮 교회 봉사에 매진

하면 결국 하나님께서 책임지십니까? 그렇기 때문에 우리는 교회에 200% 헌신해야 할까요? 그렇다고 할 수 없습니다. 교회 봉사를 안 한다고 해서 벌 받는다는 것은 좀 많이 나간 해석입니다. 분명한 것은 하나님께서는 그의 교회를 직분을 통해 온전케 하신다는 사실입니다. 그 직분자들로 하여금 교회를 온전케 하는 일에 봉사토록 합니다.

정확하게 직분은 무엇이 있습니까? 몸 된 그리스도의 공동체를 보다 온전케 하기 위해서 주어진 직분은 목사, 장로 그리고 집사입니다. 이 세 직분이 성경이 말하는 직분입니다. 그리고 개체 교회들이 자체적으로 이 세 직분 외에 봉사직을 마련하여 섬기도록 합니다. 흔히 교사, 전도대, 찬양대원, 차량 봉사, 식당 봉사 등의 직무들이 교회에서 임명한 봉사직입니다. 이 모든 일들이 하나님 나라를 위한 귀한 봉사이며 예배로 나아오는 사람들을 섬기기 위한 일입니다. 하지만 이것 이전에 우리 각자에게 믿음의 가정도 주셨고 그 믿음의 가정을 언약 공동체로 세워 나가도록 하셨고 세상 속에서의 사명을 주셨습니다. 학생으로서의 사명, 직장인으로서의 사명 그리고 사회적 활동을 통한 사명 등이 있습니다. 이 일들을 결코 간과해서는 안 될 것입니다.

먼저 그 나라와 의를 구하고(마 6:33) 하나님께서 주시는 거룩한 역할을 즐거이 감당하는 것이 성도의 의무입니다. 그 의무를 제대로 감당하지도 않고 교회의 요구에도 불순종하면서 어떻게 하나님의 복을 받겠느냐는 타박을 들을 수 있습니다. 우리는 때론 '지난 수년간 내가 한 봉사는 뭔가?', '내가 올해 봉사한다고 했는데도 이러면 안 하는 사람들은 어떤 비난을 받을까?' 하는 생각으로 불편한 마음을 감추지 못하기도 합니다.

물론 우리는 먼저 그 나라와 의를 구해야 합니다. 하나님의 거룩한 부르심에 합당하게 살아야 합니다. 하지만 개인의 사정상 힘들다는 말을 무시하고 일방적으로 임명하며 순종을 요구하는 것은 충분히 문제가 될 수 있습니다. 그리고 교회 봉사와 하나님의 상과 벌을 등식화하는 것에 대해서도 동의하기가 참 힘듭니다.

우리의 섬김을 통해 하나님께서 거룩히 여김을 받아야 한다고 하는 말은 틀린 말이 아닙니다. 하나님께서는 우리로 말미암아 그의 이름이 거룩히 여김 받기를 바라십니다. 동시에 하나님께서는 그의 백성인 우리가 우리 속에서 거룩해지기를 바라십니다. 하나님의 거룩하심을 아는 지식이 우리 속에서 밝혀지고 그 지식으로 우리가 새롭게 되고 거룩하게 되고 그 이름의 거룩함을 공적으로 인정하며 찬송하는 것입니다. 그것이 바로 하나님의 이름을 거룩히 여기는 삶입니다. 분명한 것은 이것입니다. 하나님께서는 우리의 외적 봉사가 아니라 내적 동기와 태도를 보시고 그 중심을 보시고 거룩히 여김을 받으시는 것입니다.

교회 내 수많은 봉사직은 오직 은혜로 구원받은 하나님의 자녀들이 몸 된 교회를 보다 온전케 하고 하나님을 예배하는 일에 있어서 최상의 것을 드리고자 하는 아름다운 동기에서 섬기는 것입니다. 강조하여 말하지만 그렇다고 해서 봉사를 등한시하라는 말은 결코 아닙니다. 교회는 늘 일손이 부족합니다. 소수의 사람이 다수의 사람을 섬기기를 반복하여 피로도가 높아지고 있습니다. 교회는 성도에게 가중되는 봉사의 강도를 줄여줄 수 있는 대책을 강구해야 하고, 성도는 충분한 대화 가운데 봉사와 섬김의 지속 여부를 판단해야 합니다.

우리는 주일 예배와 모임을 통해 위로와 안식을 얻고자 합니다. 한 주간의 세상일이 우리를 고단하게 했기 때문입니다. 우리는 월~토요일까지의 6일을 위해 주일을 재충전과 쉼의 시간으로 삼고자 합니다. 하지만 반대로 우리는 주일을 위해 나머지 6일을 즐거이 사는 시간으로 삼아야 하지 않을까요? 하나님께 예배하고 성도의 교제로서 봉사의 일을 감당해 낼 때 하나님께서 진정한 안식과 힘을 더하여 주실 것이기 때문입니다. 그 생각이 바뀐다면 주일의 봉사가 무거운 부담이 아니라 즐거운 섬김이 될 것입니다. 이로 인해 주의 교회를 보다 성경적이고 보다 건강하고 보다 온전케 하는 일에 도움이 되길 소망합니다. 샬롬!

나눔을 위한 질문

당신은 지금의 교회 봉사에 만족하십니까?
당신은 당신의 섬김을 통해 교회가 더 나아지고 있음을 느끼십니까?

나는 이미 구원 받았는데
왜 선을 행해야 합니까?

우리의 신앙 열매는 우리 사신에게 믿음이 있음을 확인케 하고 복음 전도의 문을 열게 합니다. 즉 우리는 구원을 얻기 위해서 선을 행하는 것이 아니라 우리가 구원받았기 때문에 선을 행하는 것입니다. 이행칭의가 아니라 이신칭의입니다. 구원받기 위해서가 아니라 구원받았기 때문에 열매 맺는 삶을 사는 것입니다.

이러므로 그들의 열매로 그들을 알리라
_ 마태복음 7:20

우리는 이신칭의를 믿습니다. 우리는 구원의 확신도 있고 우리가 무엇을 믿는지 분명히 압니다. 이거면 충분하지 않습니까? 이행칭의가 아닌 건 분명하잖습니까? 그런데 왜 교회는 선행에 대한 부담을 주는지 이해가 안 됩니다. 선을 행하지 않는다고 해서 구원을 못 받는 것은 아닙니다.

우리는 우리의 행위나 우리의 공로로 구원받지 않습니다. 이행칭의가 아니라 이신칭의가 확실합니다. 우리는 하나님의 은혜로 오직 그리스도를 통하여 죄와 사망의 비참한 상태에서 구원을 받습니다. 이 사실은 틀림없습니다.

그런데 우리가 그리스도의 피로 구속함을 받았다는 것은 단순히 죄와 사망에서 벗어 난 그 자체로 끝나는 것일까요? 그곳에서 벗어난 이후 우리는 어떠한 상태에 놓인다 생각하십니까? 구원받은 상태 아닙니까? 구원받았으니까 구원받은 상태로 하나님께 예배하는 것 아닐까요?

보통 사람들은 하나님을 사랑한다는 사실 하나로 예배생활하며 지냅니다. 맞습니다. 구원받은 우리는 예배자의 삶을 살게 됩니다. 예배는 우리가 하나님을 얼마나 사랑하는지를 표현하는 가장 주된 방식이기 때문입니다. 하나님께서 우리로 자신을 예배케 하기 위해서 우리를 부르시고 우리를 의롭게 하시는 것입니다. 다른 말로 표현하면 하나님께서는 그를 예배케 하기 위해서 우리를 하나님의 형상으로 새롭게 하신 것입니다. 중생한 것입니다. 하지만 우리가 자주 간과하는 것이 있는데 그것은 바로 하나님께서는 우리가 단순히 하나님께 예배하는 그 순간이 아니라 우리의 모든 생활을 통해서 하나님께 감사하고 찬양하기를 원하신다는 것입니다. 주일만이 하나님의 날이 아니라 모든 날이 하나님의 날입니다. 주일만이 하나님을 위한 시간이 아니라 모든 날이 하나님을 위한 시간이어야 하는 것입니다. 바로 그렇게 살게 하기 위해 우리를 새롭게 하신 것입니다. 죄와 사망의 법칙에서 해방하사 우리로 예수님 안에 있는 생명의 성령의 법 안에 살게 하는 것은 바로 하나님께 영광과 찬송을 돌릴 수 있도록 하는 것입니다(롬 8:2). 은혜로 말미암아 생명의 성령의 법 안에 살게 된다는 것은 바로 구원받은 자로서 성령의 열매를 맺으며 살라는 것입니다.

　'구원받았다'는 것은 '중생했다'는 것이고 완전히 새롭게 된 것입니다. 우리는 그 새롭게 된 것에 감사합니다. 그것이 은혜라는 것도 잘 알고 있습니다. 그리고 그 감사하는 마음으로 예배드리며 지냅니다. 그렇기 때문에 우리는 선행이나 봉사를 강요받아서는 안 된다고 생각하기도 합니다. 강요받으면 부담스럽습니다.

그렇다면 그 '감사'란 무엇일까요? 감사는 단순히 '하나님 감사합니다'라는 말로만 그칠까요? 결코 그렇지 않습니다. 사도 요한이 "우리가 말과 혀로만 사랑하지 말고 행함과 진실함으로 하자"(요일 3:18) 하였습니다. 우리가 그리스도인이라면 정말 그러하다면 우리는 성령님으로 말미암아 열매를 맺을 수밖에 없는 존재입니다. 새롭게 되었기 때문입니다. 억지로 열매를 맺어야 하는 것이 아닙니다. 감사하는 마음으로 기쁨의 열매를 맺는 것입니다. 그럴 수밖에 없는 것입니다. 좋은 나무가 나쁜 열매를 맺을 수 없다(마 7:18) 하신 말씀처럼 중생한 우리는 그 이전과 완전히 다른 의의 열매를 맺는 것입니다. 하나님이 기뻐하시는 열매인 것입니다.

우리는 감사의 열매를 통해 하늘의 상급을 쌓으며 살아가고 있습니다. 많은 그리스도인이 하늘 상급을 기대하며 열심히 신앙의 열매를 맺고 살고 있습니다. 그런데 우리가 알아야 할 것이 있습니다. 그것은 그리스도인 된 우리가 기쁨과 감사의 열매를 맺음으로 인해 크게 두 가지 유익이 있다는 것입니다. 하나는 나를 위한 유익이고, 다른 하나는 세상을 위한 유익입니다. 먼저는 우리의 믿음이 견고해지고 확실케 된다는 것입니다. 그다음은 우리의 열매와 우리의 착한 행실(마 5:16)을 보고 세상 사람들이 그리스도에게로 인도

되고 하나님께 영광 돌리게 된다는 것입니다. 다시 말해 선한 열매를 통해서 우리 자신은 '아! 나에게 믿음이 있구나'라는 생각이 확실케 되고 우리 주변 사람들은 그 선한 열매를 '저 사람이 믿는 하나님 나도 믿어야겠다'는 복음 전도의 문이 열린다는 것입니다.

만약에 그와 같은 열매를 맺지 못하면 어떻게 될까요? 하나님께서는 열매로 안다고 했습니다. '주여 주여'(마 7:21) 한다고 구원받지 않습니다. 하나님께 감사하지 않고, 부정하고, 우상숭배하고, 거짓말하고, 도둑질하면서, 하나님께로 돌이킨 자의 삶을 드러내지 않는다면 그 은혜로 변화된 삶을 살지 않는다면 어떠할까요? 과연 그러한 삶을 우리는 중생했다고 할 수 있을까요? 새 생명의 원리가 심겨진 삶을 사는 것일까요? 그렇지 않을 것입니다.

우리는 우리의 선한 삶과 성화 된 모습을 통해 우리에게 믿음이 있음과 우리가 구원받음과 우리에게 약속이 있음을 확신하며 살아야 합니다. 우리는 구원을 얻기 위해서 선을 행하는 것이 아니라 우리가 구원받았기 때문에 선을 행하는 것입니다. 이행칭의가 아니라 이신칭의입니다. 구원받기 위해서가 아니라 구원받았기 때문에 열매 맺는 삶을 사는 것입니다. 관점이 다른 것입니다. 구원 받은 자가 마땅히 맺어야 하는 열매입니다. 그뿐 아니라 하나님께서 우리로 기꺼이 선을 행하여 그의 빛을 드러내게 하시는 것은 부담이 아니라 기쁨이 되는 것입니다. 그 열매는 오히려 우리에게 큰 유익이 되기 때문입니다. 나의 구원이 확실하다는 확신을 주고 나의 선행이 복음의 통로가 되는 것입니다. 그러니 그것이 유익이고 기쁨이 되는 것입니다. 샬롬!

나눔을 위한 질문

당신은 하늘 열매를 쌓고 있으십니까?
당신은 진정 신앙의 열매로 구원받은 삶을 증거하고 있습니까?

누구나 궁금한 질문, 아무도 안 해준 대답

신앙QR코드

2023년 9월 15일 초판 1쇄 발행

지은이   정찬도
발행인   최정기
기획책임   박진필
디자인   조은희
마케팅   최성욱
마케팅 지원   박수진
인쇄   유성드림

펴낸곳   고신언론사
주소   서울시 서초구 고무래로 10-5(반포동) 고신총회 고신언론사
전화   02-592-0981, 02-592-0985 (FAX)

ISBN   979-11-984522-0-7   03230

※ 본문 및 제목에서 을유1945 서체를 사용했습니다.